浙江工业大学重点教材建设项目资助

高等学校体育选项课系列教材

浙江省高校体育教材编委会 编

VOLLEYBALL

排球运动

主 编 王小娟 黄 晓

副主编 孙 波 王 润 李广存 张敏青

参 编 刘金福 张一丹 韩新英 曹晓晓 边洪敏 蔡陈洲 乔 琳 朱悦洲

ZHEJIANG UNIVERSITY PRESS
浙江大学出版社
·杭州·

图书在版编目（CIP）数据

　排球运动 / 王小娟，黄晓主编. -- 杭州 ：浙江大学出版社，2023.8（2025.8重印）
　ISBN 978-7-308-21806-1

　Ⅰ.①排… Ⅱ.①王… ②黄… Ⅲ.①排球运动－高等学校－教材 Ⅳ.①G842

　中国版本图书馆CIP数据核字(2021)第203423号

排球运动
PAIQIU YUNDONG

王小娟　黄　晓　主编

丛书策划	黄娟琴　朱　玲　曾　熙
责任编辑	曾　熙
责任校对	郑成业
封面设计	续设计
出版发行	浙江大学出版社
	（杭州市天目山路148号　邮政编码310007）
	（网址：http://www.zjupress.com）
排　　版	杭州林智广告有限公司
印　　刷	杭州钱江彩色印务有限公司
开　　本	787mm×1092mm　1/16
印　　张	13.5
字　　数	255千
版 印 次	2023年8月第1版　2025年8月第4次印刷
书　　号	ISBN 978-7-308-21806-1
定　　价	45.00元

丛书编委会

主　　编　于可红　徐剑津

编 委 会　（按姓氏笔画排序）

王乔君　卢晓文　叶东惠　刘建平

李　宁　沈国琴　张　杰　张亚平

陈　伟　陈　华　陈　浩　季建成

金晓峰　周　雷　单亚萍　赵岳峰

胡振浩　段贻民　姜　丽　骆红斌

袁建国　徐晓斌　翁惠根　诸葛伟民

黄　滨　黄永良　程云峰　楼兰萍

虞力宏　滕　青　薛　岚

前　言

　　高等学校体育选项课系列教材是根据《全国普通高等学校体育课程教学指导纲要》的主要内容和基本要求进行编写的。可以说是对原有浙江省高校体育系列教材的改版或升级。我们依据这几年教材使用中出现的问题和高校体育在教学实践中出现的同一个运动项目重复修学的问题进行了重新编写。为了让学生在高校的体育课程中学到更多的东西，并通过高校的两年体育课程的学习，进一步深入了解自己所选运动项目的特点，使体育运动、锻炼更有针对性，使身心得到更好的改善，我们在本系列教材编写的过程中对体育这门课程做了特殊的安排。由于高中"体育与健康"课程已实行模块教学多年（浙江省从2006年起开始实行），从高中进入大学的学生应已学有2～3项运动技能（高中"体育与健康"课要求），进入大学有可能延续自己的兴趣，继续选择该运动项目（自己感兴趣的运动项目，并有一定的技术、技能基础）；也有可能由于大学有了更多运动项目的选择机会，同学们会选择新的运动项目（从头开始学，之前并没有技术基础）。因此我们在编写本系列教材时，较充分地考虑了学生的这种情况和变化，采取了分级编写的方式，即在各运动项目分册中，在体育技能方面均体现初级、中级和高级三级水平。三级水平的划分原则是，初级放低入门要求，便于让没有接触过此类项目的学生参与学习，而有学习基础的学生可以直接从中级开始学习；待中级学完后，要求掌握高等学校体育课程对该项目的"基本要求"；高级相对要求较高，完成较好的同学已达到高校体育课程的"发展要求"。针对高校学生自主学习能力较强和自主时间较多等特点，系列教材有意识地开发和配备3D仿真虚拟动画课件，供学生课外学习和模仿。

　　为了让学生充分了解所选运动项目的特点和掌握所选项目的技术，并能在课外及今后的业余生活中更好地运动和应用，在编写教材时，针对不同项目的锻炼价值及锻炼注意事项分别进行编写，并区分不同项目的特点。这样既体现了运动的整体锻炼价值，又体现了不同项目的特殊锻炼价值，有利于学生有针对性地选择，使体育能更好地为学生的健康服务，为丰富学生的日常生活服务，为学生更好地融入社会服务，为培养自己的坚强意志、竞争意识和合作精神服务。

本系列教材计划编写 13 种，分为运动技术项目类教材和体育理论类教材。包括《篮球运动》《羽毛球运动》《网球运动》《乒乓球运动》《排球运动》《游泳运动》《足球运动》《健身与健美运动》《形体与舞蹈》《无线电测向与定向运动》《武术运动》《健美操》等 12 种技术项目类教材和《体育与人生》1 种理论教材，以满足不同兴趣爱好的大学生对不同运动项目的喜好。

浙江省高校体育教材编写委员会

2014 年 8 月

目 录

知识篇

1

技 能 篇

第七章　大学排球水平测试内容与评价方法指南

竞赛篇

第八章　排球竞赛规则与裁判方法

知识篇
ZHISHI PIAN

第一章　排球运动概述

党的二十大报告指出："广泛开展全民健身运动，加强青少年体育工作，促进群众体育和竞技体育全面发展，加快建设体育强国。"[①] 排球运动（volleyball）作为一种喜闻乐见的运动项目，有着广泛的群众基础。排球运动是指参与者以身体的任何部位（以手、手臂为主）在空中击球，使球不落地的一种体育运动项目。它既可以是隔网进行集体攻防的对抗性比赛，也可以是不设球网相互竞技的击球游戏。排球运动的形式多种多样，因竞赛规则、比赛形式、参与人数、运动目的等的不同而有不同的分类。一般来说，将通过运动训练来提高技、战术水平，以获取最佳竞赛成绩为目的，并在国际上有统一竞赛规则的排球运动形式称为竞技排球，如六人制排球、沙滩排球、残奥会坐式排球等。而将以健身娱乐为主要目的，国际上还没有统一竞赛规则的排球运动形式称为娱乐排球，如软式排球、气排球、妈妈排球、四人制（公园）排球、九人制排球、草地排球、泥地排球、雪地排球、墙排球等。

第一节　排球运动的竞赛方法和特点

一、竞赛方式

排球运动有多种竞技方式，其基本方式是由两支人数相等的球队在被球网隔开的两块均等的场区内站成两排，根据规则以身体任何部位将球从网上击入对方场区。比赛开始时，由后排右边的队员在发球区内用一只手或手臂将球击过网，以后每方最多击球3次（拦网触球除外）使球过网，不能持球和连击。比赛应不间断地进行，直至球落地、出界或某队犯规。排球比赛的发球方胜一球后，该队发球的队员继续发球；接发球方胜一球后，该队场上队员先按顺时针的方向轮转一个位置后，再由后排右边的

[①] 高举中国特色社会主义伟大旗帜 为全面建设社会主义现代化国家而团结奋斗：在中国共产党第二十次全国代表大会上的报告 [N]. 人民日报，2022-10-26（01）.

队员发球。排球比赛有五局三胜制、三局两胜制和一局胜负制。国际六人制排球比赛采用五局三胜制，沙滩排球采用三局两胜制。排球比赛均采用每球得分制。娱乐排球的比赛可根据具体的情况制定相应的比赛方式。

二、特点

排球运动按项群分类，属于技能主导类隔网对抗性的集体项目，与篮球、足球等球类运动相比，有其自身的特点。

（一）击球技术特点

1. 空中击球且触球时间短促

无论是在排球比赛还是在排球游戏中运用的各种击球方式，都必须是击空中的球。因此，参与排球运动者在时间和空间感觉上得到的锻炼和提高是其他球类项目不可比拟的。排球竞赛规则始终不允许"持球"，即不允许在击球部位停留的时间过长。这一特点既能提高运动员在短暂的触球时间内对来球的力量、速度、角度因素的准确判断能力，又能提高运动员将来球准确地击向预定目标的控制能力。

2. 允许身体任何部位击球

目前，几乎所有的球类运动都有其规则限定的身体合法触球部位，唯独排球竞赛规则规定运动员全身任何部位均可触球。因此，排球运动能使参与者在击球过程中充分体现自我才能，展现各种高超的击球技巧。

（二）战术配合特点

排球比赛双方都在利用规则允许的3次击球机会，通过精心设计和巧妙配合，在瞬间完成精美的战术组合和激烈的攻防转换。这体现了运动员高度的战术意识、队员之间合作的默契程度和准确程度，具有高度的技巧性和严密的集体性。

（三）竞赛规则的特点

在竞赛过程中，运用各项排球技术既能得分，也可能失分，具有攻防两重性。也就是说，每项技术攻中有防、防中有攻，相互转化、相互制约，加之位置的轮转，这就要求排球运动员熟练和全面地掌握技术，具有扎实的基本功。

（四）场地器材设备的特点

排球场地可设在室内或室外，只要有一个空间，地板上、沙地上、草地上均可进行排球活动。根据运动的目的，可选择多种球（如软式排球、气排球等）进行活动，比赛规则也易于简化和变通。参加人数可多可少，运动负荷能大能小，适合不同年龄、性别、体质和训练程度的人，在不同场地上进行活动。

总之，排球运动具有形式的多样性和广泛的群众性、技术的全面性和高度的技巧性、激烈的对抗性和严密的集体性、休闲娱乐性和开展的便利性等特点。

第二节　排球运动的起源与传播

一、排球运动的起源

1895 年，排球运动起源于美国，由美国马萨诸塞州霍利奥克城的基督教青年会干事威廉·摩根（William Morgan）首创。

在 19 世纪末的美国，橄榄球、篮球等项目盛行。这些运动较为紧张激烈，更适合青年人参加，对多数中老年人来说却是可望而不可即的。为此，威廉·摩根在经过一段时间的摸索之后，创造了一种较为和缓、活动量适当的运动方式来满足中老年人的需要。他在网球场上把球网架在 5 英尺 6 英寸（167.64 厘米）的高度上。然后让人们用篮球内胆隔着网来回拍打，使其在空中飞来飞去，这就是排球运动的雏形。由于篮球内胆太轻，不易控制，篮球和足球又太重，易挫伤手指、手腕，于是威廉·摩根找到了当时美国较大的体育用品制作公司司保丁公司，要求他们设计一种用软牛皮包制的球，这种球既不伤手指，又不会一打就跑。司保丁公司按威廉·摩根的设计要求制作了与现代排球相近、外表是皮制、内装橡皮胆、过球心的球面圆周长为 25 ～ 27 英寸（63.50 ～ 68.58 厘米）、重量为 9 ～ 12 盎司（255.15 ～ 340.19 克）的最初的排球。今天排球的大小和重量就是据此演变而来的。

事后，威廉·摩根把这种游戏式的活动取名为"mitontte"，即"小网子"的意思。1896 年，在美国马萨诸塞州春田市基督教青年会体育指导大会上进行了首次排球表演赛。当时观看比赛的春田市的艾·特·哈尔斯戴特博士发现这种打法和网球有些相似，因而建议把这一运动命名为"volleyball"，即"空中截球"之意。这个名称得到了威廉·摩根及表演者的一致同意。于是，volleyball 这一名称一直沿用至今。

1897 年 7 月，美国《体育》杂志上公开介绍了排球比赛的打法及简单规则。从此，排球运动在全美逐渐开展起来。最初的排球比赛场上没有人数的规定，赛前双方可临时商定，只要双方人数对等即可。排球比赛由于受到各界人士的欢迎，很快便得到美国各教会、学校和社会的广泛重视，并被列为美国的军事体育项目。

二、排球运动的传播

排球运动在美国问世后，通过教会的传播和美国军队的军事活动，这项运动逐渐传播到了世界各地。由于各地传入排球运动的时间及采用的比赛规则不同，所以开展该项运动的形式及运动水平的提高程度也不尽相同。

由于地理位置的原因，排球运动首先在美洲流行开来，1900 年传入加拿大，1905 年传入古巴，1909 年传入波多黎各，1912 年传入乌拉圭，1914 年传入墨西哥，1917 年传入巴西。在美洲各国，人们习惯地将排球运动看作一项消遣娱乐活动，并没有看重其体育竞赛性质，直到 1964 年被列为奥运会项目后，排球运动在美洲所受的冷遇才得到改善，运动水平也随之提高。

排球运动传入亚洲的时间较早，1900 年传入印度，1905 年传入中国，1908 年传入日本，1910 年传入菲律宾。排球运动在亚洲的发展先后经历了十六人制、十二人制、九人制的比赛形式及相应的规则，直到 20 世纪 50 年代初才正式开展六人排球运动。亚洲排球技、战术的发展对世界排球运动的发展做出了贡献。

排球运动传入欧洲的时间迟于美洲和亚洲，主要是由参加第一次世界大战的美国士兵带去的，1914 年传入英国，1917 年传入法国、意大利、俄国，1918 年传入塞尔维亚—克罗地亚—斯洛文尼亚，1919 年传入捷克斯洛伐克、波兰，1922 年传入德国。排球运动虽然传入欧洲较晚，但传入的是六人制打法，而且当时已经成为一项竞技性运动，所以该项运动很快在欧洲发展，技术水平较高，在相当长的一段时间里，欧洲许多国家的排球运动水平始终名列世界排坛的前列。

排球运动传入非洲的时间最晚，1923 年传入埃及、突尼斯、摩洛哥等国。由于起步较晚，传入后又没能广泛地开展，所以至今非洲排球的技、战术水平在世界排坛中还处在落后的位置。

三、排球运动的繁衍

排球运动由于运动量适中、娱乐性强、易于接受，深受各阶层人们的喜爱。在其发展过程中不断分化、繁衍，形成了多种多样的形式，主要以竞技排球和娱乐排球两条主线展开，共同构成了排球运动的大家庭（见图1-1）。

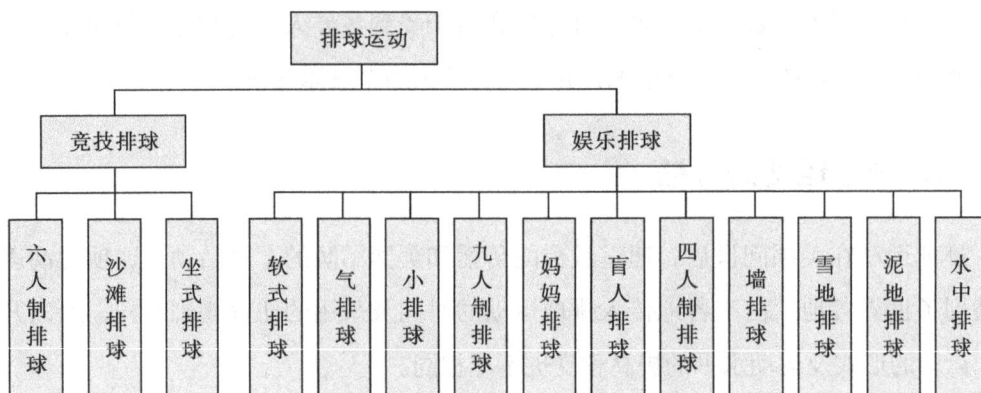

图1-1　排球运动的分类

第三节　排球运动发展概况

一、世界排球运动的发展

世界排球运动发展百余年来大致经历了3个阶段，即从娱乐排球向竞技排球过渡阶段、竞技排球迅速发展阶段、竞技排球的多元化和娱乐排球的再兴起阶段。

（一）从娱乐排球向竞技排球过渡阶段

排球运动原本是为中老年人锻炼身体而创造的一种娱乐性游戏活动。人们对球进行隔网拍打，相互嬉戏，以使球不落地为乐趣。它最初无技术可言，双方只是争取用手一次将球击过网，若不能一次将球击过，会有同伴再击。在游戏过程中人们逐渐体会到，一次击球过网不一定是最佳方式，有时从近网处跳起击球过网，反而能创造更好的获胜机会。这样便出现了多次击球的打法，以寻找最佳时机或为技术更好的同伴创造得分机会，即形成了集体配合战术的雏形。后来人们又感到，一方无休止地击球也不合理，于是产生了每方击球至多3次必须过网的规定。这一规定的产生，使单一的拍击动作开始分化为传球和扣球两种技术。富有攻击性的扣球技术的出现，吸引了更多的年轻人参加，从而给单纯以娱乐、游戏为目的的排球运动逐渐增添了激烈对抗的色彩。后来，为对付扣球又产生了拦网技术，发球也采用了增加力量的侧面大力上手球技术，至此，排球运动产生了质的飞跃。随着排球运动竞技性、对抗性的加强，比赛规则也逐渐引起了人们的重视。1921—1938 年，排球比赛规则进行了多次修改和完善，发球、传球、扣球和拦网成为当时的四大基本技术。在运用各项技术的同时，形成了有意识、有目的、有组织的战术配合，场上队员也出现了位置分工。到了 20 世纪 30 年代末和 40 年代，排球技、战术进一步发展，为了对付集体拦网及扣、吊结合的打法，产生了与之相适应的拦网保护战术系统。这一阶段，排球运动的特点是从娱乐游戏排球逐渐向竞技排球过渡，国际比赛没有统一的竞赛规则、竞赛制度和竞赛组织。

（二）竞技排球迅速发展阶段

第二次世界大战后，一些国家相继成立了排球协会。人们希望国际上有统一的组织去开展国与国之间的排球竞赛与交流。1946 年，法国、捷克斯洛伐克、波兰倡议成立国际排球联合会（以下简称国际排联）。1947 年，国际排联在巴黎成立，有 14 个国家的排协负责人出席了会议，会议选举法国的保尔·黎伯为第一任主席。此次大会制定了国际排联宪章，成立了技术委员会、竞赛委员会和裁判委员会，并正式出版了通用的排球竞赛规则。国际排联的成立，标志着排球运动从此摆脱了娱乐游戏的性质而进入竞技排球的新阶段。国际排联成立后，组织了一系列国际大赛，如第 1 届欧洲男子（1948 年）、女子（1949 年）排球锦标赛，第 1 届世界男子（1949 年）、女子（1952 年）排球锦标赛，第 1 届世界杯男子（1965 年）、女子（1973 年）排球赛，第 1 届世界青年男、女（1977 年）排球锦标赛，以及奥运会男、女（1964 年）排球赛。这些国际比赛以后每隔 4 年举行一次，一直延续至今。此外，国际排联下属的各洲联合会也定期举办洲锦标赛、洲运动会排球赛、洲青年排球锦标赛等。在众多的大型比赛和广泛的国际交流活动的促进下，排球运动的技、战术得到了蓬勃发展。20 世纪 50 年代，东欧一些国家的排球技术水平较高。苏联男、女排均以身高体壮、扣球力量大且凶狠而成为当时"力量派"的代表，并多次蝉联世界冠军。捷克斯洛伐克男排是当时"技巧派"的代表，他们以扣球线路变化和控制球的落点为特色，扣球轻重结合，是"力量派"的主要对手，但在实际抗衡中仍是"力量派"占上风。20 世纪 60 年代至 70 年代初是排球运动技、战术发展较快的一个时期，世界排坛呈现出不同流派各显特色、不同风格先后称雄的局面。60 年代初，日本女排在大松博文教练的带领下创造了滚动救球、小臂垫球及勾手飘球技术，突破了以苏联、东欧为标准的技术模式，从此改写了苏联女排独霸世界冠军的历史。日本女排在技术上的三大发明是排球技、战术史上的一次重大革命，为促进排球运动的发展做出了极大的贡献。这一时期的女子排球，是以日本为首的"防守加配合"和以苏联为首的"进攻加力量"打法的抗衡，平分了8届大赛的金牌，世界女排进入了日苏对垒的时代。1965年，国际排联对规则进行了修改："允许手可过网拦网"，规则的这一改变，使如何突破拦网、提高网上控制权成为比赛取胜的关键。当时男子"力量派"打法已不占优势，德意志民主共和国队则以突出高大队员的"超手扣球"解决了这一问题，并因连续两年获得了世界冠军而被称为"高度派"。当时中国男排针对拦网规则的变化，创造了"盖帽拦网"和"平拉开扣球"技术，开创了"小个子打大个子"的先河，引起了世界排坛的哗然。日本男排很快在学习我国"平拉开扣球"和"近体扣球"的基础上创造了"短平快""时间差""位置差"等进攻打法，1972年在第20届奥运会上击败以高度著称的德意志民主共和国队，为亚洲夺得了首枚奥运会男子排球赛的金牌。至此，以中国队和日本队为代表的"速度派"开始形成。这一时期男子排球四大流派的对峙，繁荣了排球的技、战术打法。这时的排球运动逐渐以其激烈的对抗性和高度的技巧性展现自己的魅力。1977年，国际排联再次修改了规则，即拦网触手后仍可击球三次，这样又给组织进攻提供了更多的机会，进一步促进了攻防的激烈程度。70年代后期，中国男排首创的"前飞""背飞"等空间差打法、中国女排发明的"单脚背飞"技术、波兰男排创造的后排进攻战术，使排球运动进攻战术配合从二维空间发展到三维空间，从平面配合发展到立体配合的新阶段。这一阶段，美洲的排球运动也得到了迅猛发展，古巴男、女排和美国女排迅速崛起并跻身世界强队之列。随着国际交往的不断增多，各种流派在相互取长补短中逐渐融合。欧洲各队吸取了亚洲的快攻打法，向强攻加快攻、力量加技巧的方向发展。亚洲各队在进一步发展快变战术的同时，重视提高运动员的高度以增加进攻威力。总之，20世纪70年代是竞技排球战术发展速度最为突出的时代，各种快变战术应运而生、争奇斗艳，使竞技排球运动更加绚丽多彩。

（三）竞技排球的多元化和娱乐排球的再兴起阶段

1. 竞技排球的多元化

进入20世纪80年代的竞技排球已度过了它的成长、发育时期而逐步走向成熟，当初只要在技、战术的某一个环节能够超群就有可能问鼎的时代已一去不复返了。中国女排之所以在1981—1986年连续5次夺冠，正因为这是一支既有高度又有灵活性、既能攻又能防、既快又高的全面型球队，练就了一套攻防全面、战术多变、以高制矮、以快制高的技、战术打法，在世界排球运动发展中为中国写下了辉煌的篇章。这一时期，美国男排创造性地运用了沙滩排球中的双人接发球战术，发明了摆动进攻战术。

在比赛中队员还大胆地运用跳发球和后排进攻技术，使前排的快变战术与后排的强攻有机地结合成纵深立体进攻战术。而且该队队员不仅文化素养高，善于改革创新，而且防守积极，作风顽强，终于使这支过去一直默默无闻的球队接连4次获得世界冠军。中国女排和美国男排的成功，标志着排球运动技、战术观念的革命，它预示着排球运动进入了全攻全守的新时期。排球运动的全攻全守已不仅是个人攻防技术的称谓，而是指整体的全方位的攻和整体的全方位的守。全攻，首先从观念上打破了传统的进攻模式，即全攻意味着进攻的手段从发球和拦网开始。西欧男排继美国男排崛起后，在职业联赛的交流中进一步发展了美国男排的攻防体系，使跳发球和纵深立体进攻战术发展到运用自如且很少失误的程度。尤其是意大利、荷兰等国，跳发球空中飞行时间仅为0.5秒，且拦网的成功率很高，因此进攻已不再是第三次击球的专利了。全攻意味着进攻的变化已不局限在网前的二维空间内，而是充满整个场地的三维空间。意大利、荷兰等国的男排不仅有高快结合的前排进攻，而且在前排进攻的配合下，从二传出手到扣球仅用0.8秒的"背平快"和后排进攻，形成了高快结合、前后结合的全方位进攻的局面。全守即全方位的防守。首先是技术动作的全方位。当今由于进攻水平的不断提高，那种单纯依靠手和手臂击球的动作要防速度快的扣球是相当困难的。为了促进攻守平衡，国际排联本着积极鼓励防守技术的发展，同时又不消极地限制进攻技术的原则，从1984年开始，先后从规则上放宽了对运动员第一次击球时连击犯规的尺度，1992年将合法的触球部位从髋关节以上改为膝关节以上，1994年又由膝关节以上改为身体的任何部分均可触球，于是出现了手、脚、身全方位的防守动作，扩大了人的防守面积，提高了防守质量。1999年，规则又增加了后排自由防守队员。其次，体现在当代防守观念的转变，即由预判的"出击防守"代替了固定位置的"等待防守"。"高位防守"的取位则更需要运动员具有高水平的判断、反应及控制球的能力。最后，全方位的防守还体现在针对对手的进攻特点，随时调整拦网与防守的配合，打破原有的防守阵型模式，从而兼顾防守效果和防起后的反攻进行布阵。20世纪90年代，意大利、荷兰男排以惊人的速度在国际上确立了领先的地位，这标志着竞技排球走向社会化、职业化的时代已经到来。由于排球运动的职业化趋势，排球运动的技战术水平又跃上了一个新的台阶。职业俱乐部的出现使意大利排球水平突飞猛进，男排尤为突出。在1988年以前的历次世界大赛中，意大利男排只有4次进入前8名，而1988年后，其每次都能打入大赛前8名，其中4次荣登冠军宝座，4次获亚军。意大利女排也获得了2002年世界排球锦标赛冠军。在女排方面，古巴女排在高举高打的同时，加快了进攻的速度，并克服了情绪波动的弱点，在20世纪90年代独领风骚，于1989—2000年先后夺得 8 次世界冠军。

进入 21 世纪，世界排坛的格局发生了根本性的变化。在女子排球方面，古巴女排走下神坛，一枝独秀的实力不再，呈现出中国、俄罗斯、意大利、巴西、美国女排多强林立的局面。2008 年北京奥运会以"无冕之王"巴西女排的成功加冕圆满落幕。虽然本次比赛没有彻底改变世界女排的格局，但是其中的细微变化依旧耐人寻味。美洲三强集体晋级半决赛，巴西和美国队更是接连实现飞跃；欧洲列强集体受挫，多年来首次无一闯入四强；亚洲依然靠中国女排苦苦支撑，日本队要想突破尚需时日。2012 年伦敦奥运会女排比赛，巴西女排成功卫冕，美国女排连续两届奥运会屈居亚军，日本女排在时隔 28 年后再度斩获铜牌，韩国女排在 36 年后重返四强，名列第 4，中国、多米尼加、意大利和俄罗斯 4 队获得并列第 5，英国和土耳其队并列第 9，阿尔及利亚和塞尔维亚队并列第 11。在 2017 年的世界排名中，中国、美国、塞尔维亚队分别排在前三位。

在男子排球方面，从诸强纷争变为巴西队异军突起，自贝尔纳多·雷赞德执教巴西男排以来，巴西队连续 5 年（2003—2007 年）获得了世界排球联赛的冠军，并夺得了两届世界排球锦标赛（2002 年、2006 年）、两届世界杯排球赛（2003 年、2007 年）和2004 年奥运会排球比赛的冠军，以及 2008 年奥运会排球比赛的亚军。美国、意大利、俄罗斯男排仍保持第一集团的实力。第二集团的男排队伍在不断地扩大。2012 年伦敦奥运会男排比赛，俄罗斯队实现了重大突破，在 32 年后再摘奥运金牌，巴西队连续两届奥运会屈居亚军，意大利队在时隔 8 年后再度跻身三甲斩获铜牌，保加利亚队创下32 年来奥运最佳战绩，名列第 4，阿根廷、德国、波兰和美国 4 队并列第 5，澳大利亚和塞尔维亚队并列第 9，英国和突尼斯队并列第 11。2017 年的世界排名，巴西与美国队位列前两名，中国队则排在第 20 位。

2. 娱乐排球的再兴起

100 多年前，排球运动起源于一种娱乐游戏活动。随着时间的推移，排球运动的娱乐性逐渐被其竞技性所取代。自 20 世纪 80 年代以来，竞技排球的技、战术都发生了质的变化。全方位的攻、防更增加了比赛的观赏性。但随着现代经济的发展，人们对物质文化消费的需求也在不断地提高，健身娱乐逐渐成为人们消除疲劳的有效方法。人们在观看比赛获得赏心悦目的享受之余，也渴望体验参与这项运动的乐趣。但排球运动本身的高度技巧性，往往使前来参加运动的人高兴而来，扫兴而归。因此，人们迫切希望有一种大众都能参与的排球运动形式，于是人们开始从球的性能、比赛规则上进行了适合各自需要的修改，全球性的娱乐排球便应运而生。国际排联在竞技排球中的一系列改革，虽然吸引了更多的观众，但毕竟不能使竞技排球成为吸引更多人参与的运动，这无疑会影响人们对该项运动的喜爱，于是国际排联对这些适合大众开展的排球运动形式给予了积极的支持和重视。20世纪90年代，国际排联把沙滩排球列入整体发展规划，并成立了沙滩排球委员会。1993年出版了第一部沙滩排球正式竞赛规则，1996年沙滩排球成为亚特兰大奥运会正式比赛项目。目前，对软式排球、迷你排球（小排球）都组织过世界性的青少年比赛。国际排联近年来又选择四人制（公园）排球作为大众排球运动推广项目，以扩大排球活动人口，促进大众健身运动的和谐发展。在中国，气排球运动风靡大江南北，2017年被列为全国运动会群众项目，足以证明其参与范围之广、群众基础之好。

总之，娱乐排球的再兴起，标志着现代排球运动进入了竞技排球与娱乐排球共存的新时代。

二、中国排球运动的发展

（一）中国排球运动的起步阶段

在我国，排球运动的历史可以追溯至20世纪初，当时，排球运动随美国传教士进入中国。1905年，排球运动首先在广州南武中学和香港皇仁书院流行，后来主要通过基督教青年会体育部、留学生、外籍人士等，以教学、游戏、训练班及表演等方式传播，排球运动逐步在我国部分城市的一些学校中开展起来。当时人们根据"volleyball"的音译，把空中击球称为"华利波"。1913年，在菲律宾举行的第1届远东运动会排球赛是世界上第一次正式的排球国际比赛，虽然参赛队只有中国和菲律宾，而且我方的代表队又是临时从田径、足球队中抽调了一些运动员拼凑起来组成的，但比赛打得精彩、激烈，引起了人们的兴趣。这些队员回来后，将正式的排球运动带到了广州、台山、文昌等地。

男子排球从1914年的第2届、女子排球从1924年的第3届中华民国"全国运动会"开始被列为正式比赛项目，并将"华利波"改称为"队球"，取"成队比赛"之意。1915—1934年，男排参加了10届远东运动会，获得了5次冠军和5次亚军。女排比赛出现较晚，1921年在广东省运动会上首次出现，1923—1934年女排参加了5次远东运动会，均获亚军。在1930年第4届全国运动会之前，经中华全国体育协进会研究，根据球在空中被来回击打和参加者成排站位这两个特点，将"队球"改称为"排球"。从此，"排球"这一名称和运动形式在我国传播开来，沿用至今。排球运动传入我国后，因受远东运动会的影响，经历了十六人制、十二人制、九人制、六人制打法的演变过程。1915—1919年，我国排球比赛采用十六人制打法，每方上场16名队员，分成4排，每排站位4人，比赛中位置固定不轮转。1919—1927年，我国排球比赛采用十二人制打法，双方各派12名队员上场，站成3排，每排4人，场上位置仍固定不轮转。当时已出现上手发球、正面扣球、单人拦网及倒地救球等技术动作。1927—1951年，我国排球比赛采用九人制打法，双方各派9名队员上场，站成3排，每排3人，位置同样固定不轮转。当时又出现了勾手大力发球、勾手扣球和鱼跃救球等技术动作，尤其在第8、9届远东运动会上，为了突破菲律宾高大队员的拦网，我国队员创造了"快板球"技术，以及快球和快球掩护下的两边拉开战术。九人制打法排球在我国延续了24年之久，是采用六人制打法前我国开展排球运动时间最长的一种比赛方式。正式采用六人制排球是在新中国成立以后。此前，虽然排球运动已在我国开展了40余年，但因国家贫穷落后，很难普及，只是在几个大城市和东南沿海地区得到开展，所以技术水平不高，战术也非常简单。

（二）中国排球运动的发展阶段

1．推广、普及与发展

新中国成立后，由于国家的重视，排球运动很快被作为重点体育项目在全国推广。为了适应国际比赛的需要，1950年7月，在全国体育工作者暑期学习会议上，国际排联制定的六人制排球竞赛规则和方法第一次被介绍给与会人员。同年8月成立了中学生排球代表队，并赴布拉格参加世界学生第二届代表大会举行的排球比赛。1951年1月，我国组建了中国青年男子排球队赴柏林参加第11届大学生冬季运动会和第3届世界青年联欢节。同年5月在北京举行的第1届全国篮、排球比赛大会上，正式采用了六人制排球比赛方式，并正式组建了国家男、女排球队，即当时的"中央体训班男、女排球队"。1952年，国家男、女排球队到全国14个城市进行了六人制排球比赛的示范表演，为六人制排球运动在我国的普及起到了积极的推动作用。1953年，中国青年女子排球队首次随中国代表团参加了在罗马尼亚首都布加勒斯特举行的第1届国际青年友谊运动会排球赛。1954年，我国加入国际排联成为正式会员。为了向当时排球运动处于领先地位的东欧各国学习，中国男、女排球队在赴布达佩斯参加第12届大学生运动会途经苏联时，曾到莫斯科、里加、基辅、明斯特等城市边训练、边比赛，系统地学习苏联排球队先进的技、战术打法及训练方法。除了"走出去"外，我国男、女排球队还采取"请进来"的方法学习国外的先进技术及理论。这一时期，捷克斯洛伐克军队男排和保加利亚男、女排球队先后应邀来我国访问。1956年，国家体育运动委员会（以下简称国家体委）还邀请了苏联专家弗·戈洛玛佐夫在京、津两地举办的"全国排球教练员训练班"讲课，学员们全面系统地学习了苏联排球运动训练的理论与方法，为我国排球运动的发展起到了积极的促进作用。同年，我国建立了全国排球联赛的竞赛制度，并颁发了《中华人民共和国运动员等级制度条例（草案）》和《中华人民共和国裁判员等级制度条例（草案）》。这时，教育部颁布的《一般高等学校体育课试行教学大纲》、《中、小学体育教学大纲（草案）》和《师范学校体育教学大纲（草案）》，均把六人制排球列为教材内容。由于受全国排球联赛的影响，各大、中城市也都开展了具有本地特色的排球竞赛活动。我国20世纪50年代的排球运动的发展可概括为一手抓普及、一手抓提高，在普及的基础上抓提高，在提高的指导下普及，因此运动水平提高较快。由于我国排球运动是在继承九人制排球技、战术的基础上发展起来的，尤其是我国的快球和快攻战术是其他国家所没有的，所以，1956年，中国男、女排球队第一次参加世界排球锦标赛就取得了男子第9名、女子第6名的好成绩。

20世纪60年代前后，我国各地根据自己的特点开始形成各自不同的风格和技、战术打法，如广东队的快速配合、四川队的细腻稳健、北方队的高打强攻、解放军队的勇猛顽强、上海队的灵活多变等，都充分体现了我国六人制排球技战术水平的显著提高。

1964年，周恩来总理邀请大松博文教练率领当时的世界冠军日本女排访华，并请他亲自指导我国运动员训练。贺龙副总理要求我国排球界要学习大松博文教练的严格要求和日本女排刻苦顽强的训练作风。此时，我国排球训练工作的方针是"三从一大"，即从难、从严、从实战出发，坚持大运动量训练，使我国排球运动水平又有了明显的提高。当时，我国不仅学习了日本女排的勾手飘球、垫球及滚动救球技术，而且创造了"盖帽拦网"和"平拉开扣球"技术。"文化大革命"期间，我国的体育事业受到了严重的摧残，排球运动也同样遭此厄运。在此期间，运动队都停止了训练，有的队甚至被解散，排球运动的整体技术水平下降，运动队出现了青黄不接的局面。

2. 冲出亚洲，走向世界

1972年，在周总理发出"要把体育运动重新搞上去"的号召下，国家体委以举办5项球类运动会的形式恢复了体育竞赛，并于同年召开了"三大球训练工作会议"。会上对过去的工作进行了总结，找出了差距，进一步明确了今后排球训练工作的指导思想及发展规划，建立了排球训练基地，并开始有计划地组织每年各省、市队的集中训练工作。通过每年的冬训，各队有一段较长时间可以集中在一起相互学习、相互促进，这对提高技战术水平，迅速培养后备力量起到了一定的催化作用。1976年，我国组建了新的国家男、女排球队。在1977年的世界杯排球赛（男子第3届、女子第2届）上，我国的男排获得第5名，女排获得第4名。1978年，我国排球队又在世界排球锦标赛上获得男子第7名、女子第6名的好成绩。1979年，我国男、女排分别在亚洲排球锦标赛上战胜日本队和韩国队，双双获得冠军，并取得了参加奥运会的资格。从此，中国男、女排开始冲出亚洲，走向世界。1981年，我国女排在日本举行的第3届世界杯排球赛上以7战7捷的战绩，第一次获得世界冠军的称号，为三大球翻身打响了第一炮。1982年，在秘鲁举行的第9届世界女排锦标赛上，中国女排再次夺冠。1984年，中国女排继续发扬顽强拼搏的精神，在美国举行的第23届奥运会排球赛上再次问鼎，第一次在奥运会排球比赛馆内升起了五星红旗。荣获三连冠的中国女排在我国排球史上留下了辉煌的一页。1985年，在日本举行的第4届世界杯女排赛、1986年在捷克斯洛伐克举行的第10届世界女排锦标赛上，我国女排又相继夺得冠军，从而创造了世界女排大赛"五连冠"的新纪录。

20世纪70年代末到80年代初也是我国男排技、战术水平提高较快的时期。在继承传统快攻打法的基础上，我国男排大胆创新了"前飞""背飞""拉三""拉四"等新战术，并形成了一套自己的快变战术打法。在1977年的世界杯排球赛和1978年的世界排球锦标赛上分别获得了第5名和第7名的好成绩。1981年，我国男排再次获得世界杯排球赛第5名，当时中国男排的实力不仅冲出了亚洲，而且可以向世界的强队挑战。

这一时期，我国的排球运动以"全攻全守、能高能快"的战术特点，在世界排坛上展现了风采。

3. 走出低谷，重振雄风

20世纪80年代，世界男子排球运动迅猛发展，我国男排由于种种原因却出现了运动水平的下降。1982年世界排球锦标赛的分组本来对中国男排非常有利，但因关键时刻队员的心理承受能力出现了问题，失去了进入前4名的机会，仅获得第7名。1984年，中国男排又以一胜五负的战绩排名第8。1985年，在世界杯排球赛亚洲预选赛上，中国男排又以1∶3负于韩国，从而失去了参加世界杯排球赛的资格。1987年，在亚洲排球锦标赛上，中国男排因负于日本而失去了参加第24届奥运会的资格。1989年，在亚洲排球锦标赛上，中国男排负于日本队和韩国队名列第3。随着男排成绩的下降，女排在20世纪90年代初，运动成绩也急转直下，跌入低谷。1988年汉城奥运会，我国女排失去了冠军的宝座。在1988—1991年两次世界杯排球赛和一次世界排球锦标赛上，我国女排的成绩分别为第2名、第3名、第2名。在1992年奥运会和1994年世界排球锦标赛上，我国女排仅获得第7名和第8名。在1994年亚运会上，中国女排负于韩国，名列第2，此时中国女排的运动成绩又倒退至"冲出亚洲"的起点。

我国男、女排运动成绩下滑的原因，主要在于指导思想跟不上世界排球运动形势的发展。首先体现在对"进攻"和"进攻战术"认识的滞后。20世纪80年代欧美男排就已普遍运用了跳发球和后排进攻打法，形成了在排球场上的全方位进攻，紧接着欧美女排也开始效仿，但此时中国男、女排的进攻观念仍停留在70年代的认识上，总是在前排二、三点进攻的变化上做文章，致使进攻战术既无创新也无借鉴，所以与国际排球运动先进水平逐渐拉开了距离；其二是20世纪80年代末国际排坛商业化的趋势日渐明显，职业化日渐成熟，而我国竞技体育的体制仍保持着50年代向苏联、东欧国家学来的旧的管理模式，在世界体育职业化和国内市场经济浪潮的冲击下，运动队的管理问题突出地暴露在人们的面前；其三是伴随着国家"奥运战略"的出台，各省份的"全运战略"也应运而生，所有的运动项目均以拿金牌为目的。排球运动是集体项目，拿不到更多的金牌，因此很多省份将排球队砍掉了。1995年，国家体委召开了"重振排球雄风研讨会"，会上总结了失败的教训，找出了问题所在，并且探讨了今后的发展方向。同年，我国重新组建了国家女排，并请郎平回国执教。中国女排在郎平主教练的率领下，严格训练，增强了全队的凝聚力，树立了重新攀登世界高峰的信心，于1995年获得亚洲排球锦标赛冠军，冲出了亚洲，并于同年获得世界杯排球赛的第3名，1996年又获得奥运会排球赛亚军，1998年世界排球锦标赛再次获得亚军，1999年世界杯排球赛第4名，2000年奥运会成绩下降至第5名。1997年，中国男排在新一任教练汪嘉伟的带领下重新夺得亚洲排球锦标赛的桂冠，并在世界排球锦标赛预赛中取得了参赛资格。在1998年世界排球锦标赛上，中国男排虽然较好地发挥了自己的水平，但因体能和技术上的差距，在前12名中仍没找到自己的位置。在1999年亚洲排球锦标赛上，中国男排成功卫冕。但在同年年底上海举行的亚洲区男排奥运会资格赛上失去了一次绝好的依靠自己的实力冲进奥运会的机会。

4. 重夺冠军，任重道远

2001年，陈忠和任新一届中国女排的主教练。在经历了2002年世界排球锦标赛第4名的成绩后，从压力中走出来的陈忠和带领中国女排在2003年世界杯女排比赛中，以11战全胜的佳绩时隔17年重夺世界大赛的冠军。接着在2004年雅典奥运会上，中国女排力克各路劲旅，勇夺阔别20年的奥运会冠军。中国女排能够重夺世界冠军是因为她们把思想作风建设摆在十分重要的位置，坚持"从制度入手，高标准、全方位齐抓共管"的工作思路，严格管理，严格要求，认真学习和努力践行团结协作、顽强拼搏的精神。传承当年老女排那种敢打硬仗，敢于胜利的气概，训练工作始终坚持"走全面快速多变的道路，技术上更加精细全面，整体配合上更加默契娴熟，快速多变的特点更加突出"的指导思想。2008年北京奥运会女子排球3、4名决赛在中国队与古巴队之间展开。经过4局激烈争夺，中国女排以3：1力克对手，获得铜牌。

面对与世界领先水平之间的差距，中国男排经历了一个较长的痛苦和摸索时期。2001年，邸安和接手中国男排，他大胆地起用了一批年仅20岁的年轻人，在2003年世界杯上获得第10名。2004年奥运会落选赛，由于中国男排负于澳大利亚队，而无缘雅典奥运会；但在"三老带三新"的模式下力克亚洲劲敌韩国、日本和伊朗，无论是从比赛经验还是心理上，都为中国男排日后的复兴和发展留下了广阔的空间。这就意味着中国队必须有所改变，不仅要求技、战术更加完善和全面，而且在思想和意识上也应有一定的提高，即要求进一步提高基础训练水平，加强新技术、新打法的研究开发，改革国家队的发展思路。为了达到这些目标，安心搞好联赛，不断提高各级教练员水平，摒弃急功近利的思维方式成为后来中国男排发展的工作重点。为此，中国排球协会在《2001—2008年排球运动发展规划》中制定的目标是：以青少年和学校为重点的群众性排球运动得到较大的发展；初步形成能够适应社会发展、项目特点规律的训练管理体制和运行机制，并建立起职业与非职业相互衔接、相互促进、共同发展的格局。在北京奥运会12支参赛队伍中，中国男排的国际排名最低。但是，在教练周建安的率领下，依靠敢于胜利的"亮剑"精神，中国男排凭借坚定的信念力克委内瑞拉队，打破了逢日难胜的魔咒，卧薪尝胆24年之后再次闯进八强，并赢得了对手的尊重。国际排联主席魏纪中称，这是中国男排多年来在世界大赛中表现最出色的一次，来之不易的突破也为中国男排继续攀登高峰增强了信心。

5. 稳中求进，突破自我

2008年北京奥运会后，中国女排进入了频繁换帅的动荡期。2013年，由郎平挂帅执教的中国女排，在2014年世界排球锦标赛中，时隔16年再度摘银，取得了阶段性的突破。女排姑娘场上的表现，让国人又一次感受到女排拼搏精神的回归。正因为女排的团队精神，在2014年"体坛风云人物"评选活动中，中国女排、郎平和袁心玥分别获"2014年度最佳团队"、"最佳教练"和"最佳新人"奖项。在2016年里约热内卢奥运会上，中国女排在郎平及其团队的带领下再次夺得奥运会冠军，一时"中国女排精神"响彻大江南北，全国上下再次掀起学习"女排精神"的号召。年轻选手近年也表现不俗，徐建德督战的女排二队斩获亚洲杯冠军和亚运会亚军，在亚青赛成功卫冕、亚少赛赢得季军，中国女排当仁不让地成为近年来中国三大球的亮点。

2008 年北京奥运会后，中国男排的战绩持续低迷，暴露出诸多问题，各项技、战术都有待提高。回顾 2014 年，中国男排过于倚重老将，加之伤兵满营，参加的世界排球联赛升档未果，世界排球锦标赛无作为，亚运会又无缘奖牌，让主教练谢国臣冲击里约热内卢奥运会入场券的誓言显得苍白无力。唯一的亮点来自接应老将袁志，第三阶段半决赛对垒古巴劲收 37 分，为世界排球联赛单场个人最高分纪录。鉴于目前中国男排在世界和亚洲的地位，中国男排必须奋起直追，突破自我，才能再创辉煌。

🔲 中国排球运动的辉煌成就一览

三、国际和国内排球竞赛

（一）世界排球大赛简介

1. 世界排球锦标赛

世界排球锦标赛是由国际排联主办的国际排球比赛，是排球运动最早的、规模最大的世界性比赛，每 4 年举行 1 届，受到各国的普遍重视。它原与奥运会同年举行，1962 年起改在奥运会后第 2 年举行。冠军获得者可直接参加下届奥运会。1989 年，国际排联将世界青年排球锦标赛、世界少年排球锦标赛统一纳入世界排球锦标赛系列赛事活动。

🔲 历届世界男子、女子排球锦标赛成绩

第 1 届世界排球锦标赛始于 1949 年的布拉格，最初只有男子排球比赛。1952 年在莫斯科举行了第 1 届世界女子排球锦标赛和第 2 届世界男子排球锦标赛。最开始比赛不限制队数，即提出申请的队都可获得参赛资格。但 1986 年（男子排球第 11 届，女子排球第 10 届）国际排联规定只允许 16 个队参加世界排球锦标赛，因为排球运动已逐渐成为一项世界性的热门运动，希望获得参赛资格的国家越来越多。具体参赛资格为上一届比赛获得第 1～7 名的 7 支球队、举办国 1 个队、五大洲锦标赛 5 个冠军队、最后资格预选赛的前 3 名共 16 支参赛队伍。1994 年国际排联对世界排球锦标赛的参赛资格又做了修改，从最后资格预选赛选取前 3 名增加至前 9 名有资格参加比赛，同时取消世界排球锦标赛上届比赛 2～7 名有参赛资格的规定。1998 年在日本举行的世界排球锦标赛恢复了男子 24 支队的名额，女子依然保持 16 支队。

2. 世界杯排球赛

这项赛事的前身是亚、欧、美"三大洲"排球赛。1964 年国际排联将其扩大为世界性比赛，并更名为世界杯排球赛。1965 年 9 月在波兰华

🔲 历届世界杯男子、女子排球比赛成绩

沙举行了首届世界杯男子排球比赛,1973 年在乌拉圭举办了第 1 届世界杯女子排球比赛。世界杯排球赛是由全球高水平的男、女排球队参加的国际性排球比赛,每 4 年举办 1 次。从 1977 年起举办地点固定在日本。1991 年开始世界杯排球赛改为在奥运会的前一年举行,相当于是奥运会的资格赛。获得前 3 名的队伍则有资格进入奥运会。世界杯排球赛的参赛资格是:举办国、上届冠军队、当年举行的各大洲锦标赛的冠亚军,最多不超过 12 支队伍。世界杯排球赛采用单循环制,所有对手都要相遇 1 次,比赛时间长,比赛结果更加客观。

3. 奥运会排球赛、沙滩排球赛、残奥会坐式排球赛

1964 年在日本东京举行的第 18 届奥运会上,排球比赛被正式列为奥运会比赛项目。奥运会排球赛的参赛队一般男子为 12 ～ 16 支,女子为 8 ～ 12 支,具备参赛资格的是东道国队、上一届的冠军队、上一届世界杯排球赛冠军队和五大洲排球锦标赛的冠军队。

□ 历届奥运会男子、女子排球、沙滩排球比赛成绩

在 1996 年亚特兰大第 26 届奥运会上,沙滩排球被列为正式比赛项目,男、女各 24 支队参加比赛,每队两名运动员,每个协会最多两个队(男、女各一个队)。

1980 年,在莫斯科举行的第 6 届残奥会上,男子坐式排球第一次成为正式比赛项目;2004 年,在雅典举行的第 12 届残奥会上,首次将女子坐式排球列为正式比赛项目,中国队夺得冠军;2008 年,中国女队在北京残奥会蝉联冠军。

4. 世界男排联赛和世界女排大奖赛

这两项比赛都是国际排联举办的商业性大赛。世界男排联赛始于 1990 年,以后每年举行一次,该项比赛采用主客场制。世界女排大奖赛始于 1998 年,以后也是每年举行一次,该项比赛采用巡回赛的方法进行。以上两种比赛因为商业色彩很浓,所以凡申请参赛的队,都要通过国际排联规定的"专门硬件"资格的审查:其一,申请报名的参赛队的主场所在地必须具备能容纳 5000 人以上观众的体育馆,而且场地内必须具备通信设施。其二,主场所在地必须具有能通过卫星向世界转播和向全国转播的电视台,并能保证每天提供有关比赛的电视节目,同时还必须保证能向国际排联提供每场比赛的录像。其三,主场所在地必须设有国际机场,或是距国际机场的路程在两小时以内。除此之外,申报参赛队还必须向国际排联交纳 50 万美元的报名费。因此,这两项比赛每年的参赛资格及参赛队数的多少,都是赛前由国际排联组织专门机构进行研究后商定的。

5. 世界沙滩排球锦标（巡回）赛

世界沙滩排球锦标（巡回）赛始于 1989 年，最初称为沙滩排球大奖赛，首届比赛分 4 站在巴西、意大利、日本和美国进行。1997 年改为世界沙滩排球锦标（巡回）赛。该项比赛一般分为 8、12 站（根据参赛人数多少而定），最多可以有 40 对选手获得参赛资格，最后有 24 名选手进入排名榜。若报名选手超过 40 对，就要先进行资格赛。选手报名时，要同时选定比赛站数，只有打满 4、5 站以上的选手才可参加排名。名次的排列根据赛后总得分的顺序，达到规定的积分即可参加下一年度的比赛而不用参加资格赛。世界沙滩排球锦标（巡回）赛是每年沙滩排球的常规赛事。

6. 世界青年排球锦标赛

世界青年排球锦标赛始于 1977 年，第 1 届在巴西里约热内卢举行。最初是每四年举行一次，后改为每两年举行一次。参赛队伍由东道国代表队、上届冠军队和各洲青年排球锦标赛的前 3 名组成。比赛规定参赛队员年龄不得超过 20 岁。

7. 世界少年排球锦标赛

世界少年排球锦标赛始于 1989 年，第 1 届世界少年男排锦标赛在阿联酋、女排在巴西举行，以后每两年举行一次。该项比赛规定，参赛队员年龄不得超过 18 岁。

（二）国内大型排球比赛

1. 全国运动会排球赛

1959 年，在北京举办了第 1 届全国运动会排球赛，至今已举办过 14 届，是我国最重要的排球赛事。

2. 全国青年运动会排球赛

全国青年运动会前身是全国城市运动会。1988 年，在山东省济南市举办了第 1 届全国城市运动会排球赛，至今已举办过 7 届，是培养排球后备力量的赛事。为了与青年奥林匹克运动会接轨，更加突出培养体育运动后备人才的目标，2011 年 10 月经国务院正式批复，2013 年 11 月将全国城市运动会正式更名为全国青年运动会。第一届全国青年运动会于 2015 年 10 月在福建举行。

3. 中国排球联赛

中国排球联赛自 1996 年开始，在经历了 21 年的发展后，于 2017 年正式更名为"中国排球超级联赛"，是我国影响最大、水平最高的排球赛事。参加比赛的运动队为各个省份解放军、俱乐部的顶级球队。

第四节　中国大学生排球联赛发展历程

一、中国大学生排球联赛发展简介

中国大学生排球协会（China University Volleyball Association，CUVA）是中国大学生排球联赛的组织管理机构，该协会隶属成立于 1975 年的中国大学生体育协会。该协会下设 35 个分支机构，排球分会便是其中重要的一员。中国大学生体育协会排球分会（以下简称大学生排球分会）实行团体会员制，凡全国高等学校承认本会章程的均可申请成为本会团体会员，大学生排球分会实行委员会制，最高权力机构是会员代表大会，下设常务委员会任期四年，从总体上协调管理协会内部的各项事务，设立竞赛委员会、训练委员会、裁判委员会、科研委员会和对外联络委员会，分部门组织管理协会事务。大学生排球分会负责组织全国大学生排球联赛及其衍生赛事，所以人们又习惯把 CUVA 作为中国大学生排球联赛的简称。

中国大学生排球联赛由中国大学生体育协会批准，中国大学生体育协会排球分会主办，于 2006—2007 年度隆重推出首届联赛。联赛于 2006 年 10 月 1 日在燕山大学、2006 年 10 月 3 日在昆明理工大学两赛区先后揭幕，于 2007 年 3 月 27 日结束，历时 6 个月。往后每年举办一届，并与其衍生赛事一起共同打造成健康规范、充满激情、全面进步和不断提升的中国大学生优秀传统赛事。

二、中国大学生排球联赛的育人理念

中国大学生排球联赛以打造健康规范、充满激情、全面进步的高校排球赛事为目的，以为社会培养全面发展的人才，全面提升中国大学生排球联赛水平为竞技目标，致力于将校际排球运动纳入教育体系当中，使排球运动成为当代大学生活的一部分，从而使大学排球联赛成为职业排球联赛的有益补充，成为排球运动人才的培养基地。

中国大学生排球联赛的横空出世，标志着我国大学生排球工作事业将进入一个崭新的迅猛发展时期。"青春·健康·拼搏·超越"成为联赛的赛事主旨，希望通过整整一个赛季的打拼，展示出当代大学生拼搏进取的精神风貌。它将直接丰富高校学子们的课余生活，促进体质的全面提高，扩大青少年群体中的排球受众基础，推动大学院校排球运动水平的不断提高，推动大学院校为排球职业联赛培养、输送人才，进而磨炼出一支精神面貌、实力水准俱佳的"中国大学生排球梦之队"。中国女排公布的 2018 年首期集训名单中，从大学生球员起步，后来加入北汽女排的任凯懿入选，成为中国高校模式下的第一名"大学生国手"。随着校园排球的发展，从学校走出的职业球员将不断涌现。

三、中国大学生排球联赛的比赛方法

（1）曾用赛制

自 2006—2007 年度举办首届中国大学生排球联赛以来，该项赛事一直是中国大学生最高水平的排球联赛。曾用赛制如图 1-2 所示。

以长江为界

分为南方赛区和北方赛区

决出各赛区前六名

进行赛会制总决赛

图 1-2 中国大学生排球联赛曾用赛制

（二）改良赛制

2018—2019 赛季中国大学生排球联赛具有全新赛制、科技含量高和包装升级等特点。共有 69 所学校 91 支男、女排球队（南方 44 支，北方 47 支）参加分区赛，其中女队 45 支，男队 46 支。分区赛分别在宁夏银川（北方男子）、吉林长春（北方女子）、四川宜宾（南方男子）、广东珠海（南方女子）举行，比赛历时 44 天，共 388 场比赛，参赛教练员和运动员达 1412 人。2018—2019 赛季中国大学生排球联赛按地域划分为北方赛区男子组、女子组，南方赛区男子组、女子组。

2018 年 10—12 月进行分区赛，每个赛区的前 12 名进入 2019 年 3 月的男、女 24 强赛，24 强赛前两名进入 4 月的总决赛。总决赛采取主客场五场三胜制，24 强赛的第一名拥有第一个主场。5 月进行全明星赛，通过网络投票选出得票率高的运动员、教练员进入全明星赛（见图 1-3）。

```
┌─────────────────┐      ┌─────────────────┐
│   南/北方男子组   │      │   南/北方女子组   │
└────────┬────────┘      └────────┬────────┘
         ↓                        ↓
┌─────────────────┐      ┌─────────────────┐
│     各组 12 强    │      │     各组 12 强    │
└────────┬────────┘      └────────┬────────┘
         ↓                        ↓
┌─────────────────┐      ┌─────────────────┐
│     全国 24 强    │      │     全国 24 强    │
└────────┬────────┘      └────────┬────────┘
         ↓                        ↓
┌─────────────────┐      ┌─────────────────┐
│  冠亚军主客场总决赛  │      │  冠亚军主客场总决赛  │
└─────────────────┘      └─────────────────┘
```

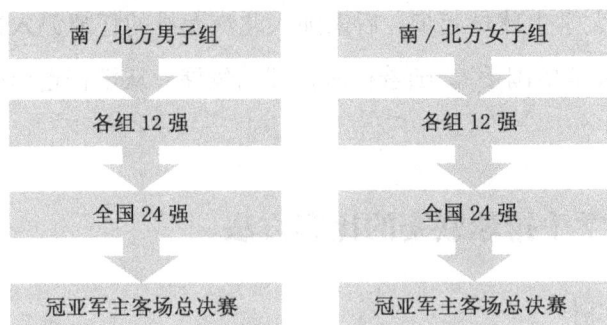

图 1-3　中国大学生排球联赛全新赛制

2019—2020 赛季，推出了中国大学生排球三级联赛（一级联赛：高水平运动员组；二级联赛：普通本科生组；三级联赛：高职高专组）。此前，该项赛事已覆盖全国 100 多所高校、2000 余个院系，有超过 11 万学生运动员参赛。

第二章　排球运动与大学生健康教育

教育部颁布的《全国普通高等学校体育课程教学指导纲要》（教体艺〔2002〕13号）明确指出：体育课程的目标包括运动参与目标、运动技能目标、身体健康目标、心理健康目标和社会适应目标五大领域。各领域目标均设置了较为详细的标准，为体育教学指明了方向。排球运动作为高校广泛开展的一项体育活动，对大学生的健康教育起着重要的作用。经常参加排球锻炼对大学生的身体健康、心理健康及社会适应能力将产生积极的影响。

第一节　排球运动对大学生身体机能的影响

在体育锻炼中，适宜的运动负荷对人体的刺激会使机体各组织、器官、系统产生一系列的适应性变化。这些变化能有效地增强生理功能，从而提高人的生命质量。排球运动作为高校大学生体育锻炼的主要项目同样具有促进个体机能发展的作用。

一、排球运动对心血管系统机能的影响

经常参加排球运动有利于心脏功能的改善和提高，主要表现在以下几个方面。

（一）运动性心脏肥大

经常参加排球运动的人，可以使心肌壁增厚，心肌力增强，心脏体积和容积增大。因为它的心肌壁较厚而有力，每搏输出量就多。所以运动员的心脏体积和容积较一般人大，这种现象被称为"运动性心脏肥大"。将一般人与经常参加排球运动的人的心脏进行对比，一般人心脏重量约300克，经常参加排球运动的人的心脏重量可达400～450克；一般人心脏容积为700～780毫升，经常参加排球运动的人的心脏容积

为 1000～1025 毫升；一般人心脏宽径为 11～12 厘米，经常参加排球运动的人的心脏宽径为 13～15 厘米。

（二）运动性心动徐缓

经常参加排球运动的人，由于心肌收缩强而有力，每搏输出量多，因而安静时心跳频率比一般人低。一般人安静时心跳每分钟 70～80 次，经常参加排球运动的人安静时心跳每分钟 50～60 次。优秀运动员每分钟 30～40 次。每搏输出量的正常值一般为 60～80 毫升，由于运动员的心脏收缩有力，心脏每搏输出量增加。比如一般人每搏输出量为 60 毫升，则心脏每分钟要跳 75 次。而经常参加排球运动的人，每搏输出量为 90～120 毫升，心脏每分钟只要跳 50 次就能满足需要。由此可显示出运动员良好的心脏机能。

（三）心脏工作的"节省化"

进行轻度运动时，在运动量相同的情况下，经常参加排球运动的人，心跳频率和血压变化幅度比一般人小，不易疲劳，而且恢复较快。一般人需要较快的心跳频率才能满足身体需要，但这样会使心脏休息时间缩短，既容易疲劳，恢复时间也较长。究其原因是经常参加排球运动的人，心脏收缩能力强，每搏输出量大，只要心跳频率稍微加快就能满足需要。由于经常参加排球运动使心血管保持了很好的弹性，在剧烈运动时，训练有素的运动员每分钟心跳高达 200 次，这是一般人做不到的。心脏由此具备了承担紧张工作的潜在能力，一旦需要就可以承担高强度的工作。与此同时，经常锻炼的强有力的心脏，进行轻度运动或工作时，在负荷相同的条件下，心脏和血压的变化却又小于一般人，这叫心脏工作"节省化"现象，是身体锻炼给机体带来的好处。

（四）对血液成分的影响

血液是指流动在心脏和血管内的不透明液体，主要成分为血浆、血细胞及各种营养成分。血浆是血液的液体部分，具有维持渗透压、保持正常血液酸碱度、防御和调节体液等多种功能。血细胞是血液中的细胞成分，分为红细胞、白细胞和血小板。

（1）排球运动对红细胞数量的影响。这主要表现在可使红细胞偏低的人红细胞含量增加。但人体内的红细胞数量并不是越多越好，红细胞数量过多，会增加血液的黏滞性，加重心脏负担，对机体也是不利的。因此，排球运动可使红细胞数量偏少的人有所回升，但不会使红细胞数量过多。

（2）排球运动对白细胞数量和免疫机制的影响。排球运动是否能提高机体的抗病能力主要与白细胞数量及免疫蛋白含量有关。研究证实，合理的排球运动可以提高白细胞的数量和功能。特别是可以提高白细胞分类中具有重要作用的淋巴细胞的数量，这对于提高机体的预防疾病的能力是至关重要的。排球运动还可以提高体内的免疫球蛋白水平，亦可有效地提高机体抗病、防病的能力。

二、排球运动对呼吸系统机能的影响

呼吸系统由呼吸道（鼻、咽、喉、气管及各级支气管）和肺组成。其中肺是气体交换的主要场所，呼吸道是气体交换的通道。

（一）呼吸肌机能增强

呼吸肌主要有膈肌、肋间肌及腹壁的肌肉。在深呼吸时，肩部、背部的肌肉都有辅助呼吸的作用。因此，经常参加排球运动能使呼吸肌增强，胸围增大。呼吸肌发达，强壮有力，就能提高呼吸功能。呼吸的深度与胸廓有关，呼吸肌发达，胸围显著增加，如一般人的呼吸差只有 5 ～ 8 厘米，经常参加排球运动的人，呼吸慢而深，呼吸差可达到 9 ～ 16 厘米。

（二）肺活量增大

一般人的肺活量只有 3000 ～ 4000 毫升，而经常参加排球运动的人，肺活量能达到 5000 毫升。这是因为不经常运动的人，呼吸肌不发达，肺活量小，肺泡中有一部分没有参加呼吸。而经常参加排球运动的人肺活量大是因为胸廓的活动范围扩大，呼吸深度加大，参与气体交换的肺泡数量增多，有利于促进新陈代谢，有益身心健康。

（三）呼吸深度加深

从呼吸频率看，由于深度不同，呼吸的频率也不同。一般人的呼吸短而急促，每分钟约 17 ～ 19 次，呼吸肌易疲劳且工作不能坚持长久。经常参加排球运动的人，呼吸深度舒畅，每分钟约 8 ～ 12 次，由于吸进的氧气多，就能使呼吸肌有较长时间休息。在进行紧张而剧烈的运动时，肌肉工作需要大量氧气，一般人靠增加呼吸频率来增加氧气，因此，运动时常气喘吁吁。而运动员由于呼吸系统机能好，呼吸慢而且深，因此在同等条件下，只要呼吸频率稍稍加强，就可以满足气体交换的需要。

三、排球运动对神经系统的影响

排球运动能使神经系统得到锻炼，提高神经工作过程的强度、均衡性、灵活性和神经细胞工作的耐久力；能使神经细胞获得更充足的能量物质和氧气的供应，从而使神经系统在紧张的工作过程中获得充分的物质能量保证。研究表明，当脑细胞工作时，大脑耗氧量占全身耗氧量的 20%～25%。排球运动能使大脑的兴奋与抑制过程合理交替，避免神经系统过度紧张，可以消除疲劳，使头脑清醒，思维敏捷。随着神经系统机能的改善，有机体内各器官系统尤其是运动系统的控制和调节能力也可以得到不断的提高和完善。经常参加排球运动的人，神经系统的兴奋性和灵活性不断提高，各种各样的动作协调性增强，不必要的多余的动作就会消失，对外界刺激反应会更快、更准确，能够有效地节省体力和减少体能的消耗，因此能够从容不迫而又迅速地完成各种动作。

四、排球运动对运动系统的影响

人体的运动系统是由骨骼、关节和肌肉组成的。骨骼是人体运动的杠杆，关节是运动的枢纽，肌肉提供运动中收缩的动力。

（一）排球运动对骨的影响

排球运动通过改善骨的血液循环，能够加强骨细胞的新陈代谢，使骨径增粗、骨质增厚、骨质的排列规则、整齐，并对骨形态结构有积极的影响，表现在骨的抗折、抗弯、抗压缩等方面的能力有较大提高。人体从事体育锻炼的项目不同，对人体各部分骨的影响也不同。以下肢活动为主的训练对下肢骨的影响较大，而以上肢活动为主的训练对上肢骨的影响较大。排球运动锻炼的效果并不是永久的，当锻炼停止后，对骨的影响作用也会逐渐消失，因此排球运动锻炼应经常化。

（二）排球运动对关节的影响

科学、系统的体育锻炼，既可以提高关节的稳定性，又可以增加关节的灵活性和运动幅度。排球运动可以增加关节面软骨和骨密质的厚度，使关节周围的肌肉发达、力量增强、关节囊和韧带增厚，因而可使关节的稳固性加强，能承受较大的负荷。在增加关节稳固性的同时，由于关节囊、韧带和关节周围肌肉的弹性和伸展性提高，关节的运动幅度大大增加，灵活性增强。

（三）排球运动对肌肉的影响

1. 肌肉体积增加

排球运动可使肌纤维变粗，体积增大，弹性增加，肌肉活动的能力和耐力相应提高，经常锻炼者肌肉比较发达。一般人肌肉只占体重的 40% 左右，而经常参加体育锻炼的人可达 50%。

2. 肌肉力量增加

体育锻炼可以增加肌肉力量已被大量实验所证实，而且体育锻炼增加肌肉力量的效果也是非常明显的，数周的力量练习就会引起肌肉力量的明显增加。排球运动亦是如此。

3. 肌肉弹性增加

有良好体育锻炼习惯的人，在运动时经常从事一些牵拉性练习，从而可使肌肉的弹性增加，这样可以避免人体在日常活动和体育锻炼过程中由于肌肉的剧烈收缩而造成各种运动损伤。

五、排球运动对消化系统的影响

消化道由口腔、咽、食管、胃、小肠、大肠、肛门所组成。消化道的运动起着接受、磨碎、搅拌食物，使食物与消化液充分混合，并不断向肛门方向推送的作用，这种作用称为物理性（机械性）消化。消化腺包括唾液腺、胃腺、胰腺，以及肝、肠腺等，分泌各种消化液，其中主要含有各种消化酶，将食物中糖、脂肪、蛋白质等水解成为可吸收的物质，这种作用称为化学性消化。人体必须不断地从外界摄取营养物质，满足新陈代谢的需要，维持生命活动。消化系统的功能就是消化食物，吸取营养物质，排出废物。所以消化作用是保证人体新陈代谢正常进行的重要环节。经常参加排球运动对胃肠及消化腺功能有极为良好的作用。它可使胃容量增加，排空时间缩短，使胃肠蠕动增强，消化液分泌增多，食欲增加，提高消化吸收能力，有利于人体的生长发育。

第二节　排球运动对大学生身体素质的影响

　　排球运动是一项集力量、速度、耐力及柔韧性等素质于一体的综合性运动。对于当代大学生而言，拥有健康的身体是我国高校体育公开课的主要教育目标，其可以帮助大学生有效提高生活质量、促进心理健康和社会适应力。

　　人体在运动中表现出来的力量、速度、弹跳力、耐力、灵敏性、柔韧性等被称为身体素质。身体素质是掌握排球技术的基础，良好的身体素质能使有机体的损伤程度降到最低。了解与学习提高身体素质的运动和方法能为掌握和提高排球技战术水平打下基础。身体训练还能改善中枢神经系统及内脏器官的功能，使之能够承受大运动量的训练，保持良好的竞技状态，延长运动寿命。一方面，身体素质训练在排球运动中占有十分重要的地位；另一方面，身体素质训练也可以帮助大家提高身体功能水平，促进身体健康。要有效提高身体素质，需要了解排球运动所需的身体素质，掌握合理的训练方法。

一、发展力量素质训练

（一）发展力量素质训练概述

　　力量是指人体或人体某部位的肌肉紧张或收缩时所表现出来的能力。力量素质反映人体对阻力的克服程度。从运动生理学上讲，力量素质就是反映运动员肌肉收缩的强度。排球运动员所需的爆发力、速度、弹跳力、耐力、灵敏性、柔韧性等无不以力量为基础。力量素质可以分为最大力量、速度力量和力量耐力。最大力量是指肌肉通过最大随意收缩克服阻力时所表现出来的最高力值。速度力量是指肌肉快速发挥力量的能力，是力量与速度的有机结合。力量耐力是指肌肉长时间克服阻力的能力。根据排球运动的特点，可采用专门的训练手段来发展和提高与排球运动水平有直接关系的专项力量素质。排球运动员专项身体素质训练中力量素质训练的主要部位有腰部、腹部、腿部、踝部，以及手臂、手指、手腕等。

（二）发展力量的练习方法

1. 手指、手腕力量练习

（1）手指用力屈伸或握网球。

（2）手指或手掌撑地做俯卧撑练习。

（3）单手或双手传足球或篮球。

（4）手持哑铃做腕绕环练习。

（5）用小哑铃或杠铃做腕屈伸练习。

（6）向下抖手腕做拍球练习。

2．手臂力量练习

（1）俯卧撑。

（2）双人推小车，手臂和身躯伸直。

（3）持杠铃挥臂。

（4）爬绳、爬杆、引体向上。

（5）肩上单手或头上双手掷实心球练习。

（6）自己或在同伴帮助下做侧手翻练习。

3．腰腹肌、背肌力量练习

（1）仰卧起坐、仰卧举腿、"元宝"收腹。

（2）凳子上仰卧起坐，上体悬出凳外，另一人扶腿。

（3）凳子上俯卧做体后屈，上体悬出凳外，另一人扶腿。

（4）两人对足坐，手互握，一人用力向自己方向拉，一人随之前屈，两人交替进行。

（5）双手置于头上，上体做前后屈、左右屈或大绕环练习。

（6）仰卧两头起。仰卧，两手臂和两腿伸直，同时向一起靠拢，手指尖触脚背一次。

4．下肢力量练习

（1）负杠铃左右脚交替上下高凳。

（2）负杠铃弓箭步前行。

（3）骑人半蹲起。

（4）负杠铃半蹲起。

（5）两人相向半蹲，连续侧滑步移动并做双手胸前传球练习。

（6）跑台阶或双脚连续跳台阶。

（三）力量素质训练中应注意的问题

1. 递增刺激强度

发展肌肉力量的生理过程是：刺激—反应—适应—增加刺激—反应—再适应—增加力量。

2. 力量训练要有专项特点

排球运动员进行力量训练时，一定要选择与专项技术相结合的动作方法，并力求在动作结构、动作速度等方面与专项技术相同。

3. 要遵循力量练习安排的顺序选择

先练大肌群，再练小肌群。力量素质训练中，因为小肌群比大肌群易疲劳，为了保证大肌群的大负荷，必须在小肌群出现疲劳前，使大肌群受到训练。

4. 力量素质训练应以动力性练习为主

在训练实践中，主要采用的是动力性练习的方法。在肌肉处于动力性状态下进行的练习，力量可以得到最大的提升。

5. 力量训练要注意安全

进行力量训练之前要做好准备活动，练习任务要明确，要求运动员精力集中、动作正确，注意不要在身体疲劳时安排力量练习。练习时学生之间要加强保护，不做超过自己能力的负荷力量练习。

二、发展速度素质训练

（一）发展速度素质训练概述

速度是指在单位时间内完成某个动作或位移某段距离的能力。排球运动中的反应、起动、移动、垫球、传球、发球、扣球和拦网等技术都需要快速完成动作。速度首先与神经系统的调节作用有关，其次速度还与肌肉活动的协调性有关。肌肉各肌群之间协调性的改善，可以提高速度。速度还取决于力量，特别是爆发力。肌肉的放松能力，即完成动作时不过分紧张的能力，有助于速度能力的发挥。在排球场上速度的特点如下：①它是定向与变向相结合的速度；②它是以球或人的动作为信号的；③短距离的移动多。

（二）发展速度的练习方法

1. 反应速度练习

（1）看手势起动：3米、6米、9米站立（坐、跪、卧姿）看教练手势正面或转体跑。

（2）看球起动：两人胸前传，中间一个突然起动抢断球。要以传球动作为起动的信号。

（3）看别人的动作起动：两人相对，在网的两侧移动，一人主动晃开对方进行拦网，另一人力争不被晃开而同时拦网。

（4）其他信号练习反应速度：面对墙接各种反弹球的练习，也可结合球的各种不同落点、不同节奏进行防守练习。

2. 移动速度练习

（1）看教练的手势，用最快速度起动，在进攻线和中线之间，或短线和进攻线之间往返快速移动。

（2）3米侧向或前后快速往返移动。

（3）两人相对站立在进攻线两侧，互相堵截对方不让其越过，越过而未被堵截算一次胜利。

（4）网前一人跑动，并在不同位置做扣球动作，另一人练移动拦网。两人一组，一前一后，前面的自由移动，后面的跟随。

3. 挥臂速度练习

（1）徒手连续快速挥臂30次。

（2）手持2.5千克杠铃片或哑铃模仿扣球挥臂连续挥动20次。

（3）跳起掷排球或小皮球等。

（4）轻杠铃的提、屈、挺等快速练习。

（5）徒手用扣球手法挥臂抽打高点树叶，要求动作放松，并有收腹动作。

（6）结合球做挥臂练习，采用一人抛球、另一人扣的方法，每次扣20次，两人交替进行。

4. 起跳速度练习

（1）连续跳跃栏架3～5个，要求落地后，能立即跳起，连续性要强。

（2）50厘米高台跳上跳下10次并计时。

（3）连续跳3个不同高度的障碍物，要求连续且速度快。

（4）负重跳绳。

（5）穿沙衣跳跃活动横杆。

（6）连续起跳扣快球 20 次。

（三）速度素质训练中应注意的问题

（1）速度的提高不如力量提高容易见效，所以速度训练要坚持进行。

（2）速度训练应安排在每次课前，在神经系统处于良性兴奋状态时训练效果最好。

（3）速度素质的训练应尽可能地与排球技术训练相结合。特别是进行反应速度训练时，最好把专门练习和专项技术结合起来，因为速度训练的专门练习可以帮助运动员建立起专项条件反射，从而最快地提高专项技术的反应速度。

（4）应以多种手段与速度素质相关的其他素质结合起来训练以提高速度素质。

（5）要注意运动员的年龄、性别差异。在青少年时期应特别重视发展速度素质训练。

三、发展灵活性素质训练

（一）发展灵活性素质训练概述

灵活性是迅速改变身体或身体某部位运动速度或运动方向的能力，是正确而且快速完成复杂动作的能力，也是运动员按照自己的意志控制机体，协调、准确地完成各种复杂技巧能力的体现。因而协调能力是灵活性素质的核心，灵活性与协调性互为表里。灵活性素质是由力量、速度、爆发力和协调能力结合而成的。排球比赛中快速变换方向、从一个动作迅速过渡到另一个动作等技战术的运用，都需要有高度的灵活性及协调能力。灵活性的好坏决定着一个运动员的技术水平的高低。排球运动员专项身体素质中灵活性训练主要包括上下肢、全身各部位的协调配合能力及场上灵活应变能力的训练。

（二）发展灵活性的练习方法

1. 协调性练习

（1）两臂前后绕环。

（2）两手臂错位前举、上举、侧举。

（3）两腿练习：分腿跳转身，并腿跳下蹲。

（4）分腿腾跃跳山羊或横箱。

（5）各种垫上运动，如前滚翻、后滚翻、侧手翻、手倒立等。

（6）自垫球，转体 360° 后接球。

2.跳绳练习

（1）双摇跳。

（2）花样跳：正跳，体侧摇绳，反跳。

3.组合动作练习

（1）前扑—横滚—抱腿起，连续 3 个来回。

（2）跳钻"山羊"：两人一组，一人当"山羊"，另一人跳过并从胯下钻回，两人交换。可以在几组间比赛速度。

（3）肩肘倒立—抱腿起—手倒立。

（4）原地拍脚跳—体前右手拍左脚—体前左手拍右脚—体后右手拍左脚—体后左手拍右脚。由慢到快，依次进行。

（5）两人一组，相距 5～6 米，分别用手中的球击对方膝关节以下部位，在击球的同时，可采用各种动作躲闪。在规定时间内，看谁击中对方次数多。

（6）两人一组每人不停地拍球，互相用另一只手去打掉对方的球，但同时又要保护好自己的球不被对方打掉。

（三）灵活性素质训练中应注意的问题

（1）灵活性素质训练要求运动员注意力集中。

（2）腰、腹、背的力量对于灵活性素质训练起着重要作用，它们是上下肢的纽带，因此在训练时要特别注意这些部位力量的专门练习。

（3）灵活性素质由多种素质结合而成，在灵活性素质训练时应注意与其他素质训练结合进行。

（4）在训练时，体重过大或疲劳会明显影响和破坏灵活性。

四、发展弹跳力素质训练

（一）发展弹跳力素质训练概述

弹跳力是指人体蹬地克服地球引力的能力。它反映人对地面施以一定的力量后所克服自身重力的程度。弹跳力素质是排球运动最重要的身体素质之一。提高排球运动员的弹跳力素质对于提高排球运动的技术水平起着决定性的作用。排球运动所需要的弹跳力素质不仅要求跳得高和有腾空时间，而且还要求跳得快。排球运动员专项身体素质中弹跳力素质训练主要包括原地起跳、助跑起跳、连续起跳能力等。弹跳力素质训练，主要是肌肉的力量训练、速度训练，以及各种跳跃协调性练习。有研究表明，身体各部分在弹跳过程中所起作用的大小依次为大腿和膝部、小腿和脚跟部、臂、躯干和头。因此，弹跳力素质的训练就离不开对这些部位肌肉的速度与力量的训练。由于下肢对弹跳的贡献最大，所以要特别加强对大腿前肌群和小腿后肌群爆发力的训练。

（二）发展弹跳力的练习方法

1. 徒手跳跃练习

（1）单足交替向前跨跳。

（2）连续蛙跳，立定三级跳。

（3）收腹跳。

（4）单足连续跳跃前进，一定距离后再换另一足。

（5）原地直膝向上连续跳。

（6）连续跳起单手或双手摸篮圈或篮板。

2. 借助设备练习

（1）双足高凳交替上下蹲起。

（2）单足或双足跳上台阶。

（3）双足跳过体操凳并前进。

（4）双脚连续跳过栏架。

（5）连续跳不同高度的橡皮筋。

（6）凳上跳下接拦网跳。这是"跳深"练习的一种。

3. 弹跳力素质训练中应注意的问题

（1）进行弹跳力素质训练时，要避免在过硬的场地上进行，以防造成损伤。

（2）要大力发展伸膝肌群、屈足肌群、腰背肌群和伸髋肌群的力量。

（3）运动实践证明，"跳深"训练是发展弹跳力最有效的方法之一，所以可以有针对性地多进行"跳深"练习。

五、发展耐力素质训练

（一）发展耐力素质训练概述

耐力素质是人体完成长时间工作所必需的能力，是不降低效率而长时间进行运动的能力，也是机体抵抗工作时产生疲劳的能力。耐力素质是各种身体素质的基础之一，也是一般竞技能力的基础。耐力素质可分为一般耐力和专项耐力。一般耐力是指对提高专项运动成绩起间接作用的基础性耐力；专项耐力是指与提高专项运动成绩有直接关系的耐力，具体地讲是指持续完成专项动作的耐力。排球比赛是在长时间不断变换强度的条件下进行的，所以排球运动员所需的耐力是在适当间歇的情况下长时间保持规定强度的能力。排球每场比赛不受时间的限制，队员要不停地移动、跳跃、接球，因此，没有很好的耐力素质就不可能取得比赛的胜利。

耐力素质训练，分为一般耐力素质训练和专项耐力素质训练。一般耐力素质的发展水平首先由心血管系统、呼吸系统和神经系统的机能、代谢水平，以及器官和系统活动的协调性所决定。因此培养一般耐力素质首先要提高心脏和呼吸系统的工作能力。一般耐力素质的提高有助于运动中氧的供给和代谢产物的排除。长距离跑，较长距离的变速跑，大强度的打篮球、踢足球，中等强度的速度跑等都可以发展一般耐力素质。虽然许多方法都能提高一般耐力素质，甚至单纯地延长任意一种训练的时间都能或多或少地提高一般耐力素质，但若要有效地提高一般耐力素质，就必须考虑训练的强度。训练强度最简便的测定方法是测定心率。

排球运动员专项耐力素质训练主要有移动耐力、弹跳耐力、连续动作耐力和比赛耐力训练等。专项耐力素质取决于耐力素质的发展水平、支撑运动器官的训练水平、心理过程（如忍耐能力）和运动技术的经济性。平时训练中超强度，少人数，各种技、战术训练内容和各种耐力训练内容结合在一起循环训练等是发展比赛耐力素质的有效手段。要提高比赛耐力素质，训练中的负荷无论是负荷量或负荷强度都必须超过比赛负荷。

（二）发展耐力的练习方法

1. 各种跑练习

（1）越野跑。

（2）规定距离跑（800米、1500米、3000米）。

（3）规定时间跑（12分钟）。

（4）400米跑道，直道冲刺跑，弯道慢跑。

2. 移动耐力素质练习

（1）两人手拉手成半蹲姿势，向前、向左右移动30～60秒。

（2）看教练员手势向各个方向移动30～60秒。

（3）个人连续移动传球或垫球 20 次。

3. 弹跳耐力素质练习

（1）连续原地跳起摸篮圈或篮板 15 ～ 20 次。

（2）连续跳上 40 ～ 50 厘米的高台 15 ～ 20 次。

（3）连续收腹跳过 10 ～ 12 个高栏架。

（4）个人连续扣球 15 ～ 20 次。

（三）耐力素质训练中应注意的问题

（1）耐力素质训练的大小强度要在训练中合理进行。

（2）耐力素质的训练要采用多样的训练方法。

（3）加强意志品质的培养。

六、发展柔韧性素质训练

（一）发展柔韧性素质训练概述

柔韧性素质是人体各个关节的活动幅度，肌肉、肌腱和韧带的弹性和伸展能力。柔韧性素质是由一定的关节或关节联合的活动范围来体现的。因此，连接关节的韧带、肌腱、肌肉及皮肤的伸展性和弹性对柔韧性影响很大。排球比赛中，要求运动员身体各个部分肌肉韧带和关节有良好的柔韧性。排球运动员专项身体素质中柔韧性素质训练主要针对肩、踝、跟、腕等部位关节的活动范围等。影响柔韧性素质训练的主要因素如下：①关节结构；②关节韧带、肌腱、筋膜、肌肉的强弱和伸展性；③主动肌的力量及主动肌与对抗肌的协调性；④气温的高低及准备活动充分与否；⑤训练水平的高低，以及年龄、性别的特点。

（二）发展柔韧性的练习方法

1. 上肢柔韧性素质练习

（1）两臂胸前平屈，双手指尖向上，十指指尖相触，牵拉手指手腕韧带。

（2）持木棒做肩绕环。

（3）两人对面站立，手臂互握，做压肩练习。

（4）两人背对，手臂上举，做拉肩练习。

2. 下肢柔韧性素质练习

（1）跪坐压踝。

（2）俯卧，屈小腿，脚背向下，脚尖向上。另一人双手按脚底，做压踝动作。

（3）两脚交叉并直立，双手尽量向下伸。

（4）一人跪立后倒，另一人站在其身旁进行帮助，牵拉大腿前肌群。

（5）一人直腿或分腿坐地，另一人在背后向前压体。

3．躯干柔韧性素质练习

（1）背对肋木，两手从头上握住肋木，两脚不动，腰向前挺起，持续 5～6 秒。

（2）侧对肋木，双手从头上握住肋木，腰向右（左）挺出。

（3）仰卧转体：仰卧双肩着地屈右腿 90°，向左转体尽量使右膝着地。

（4）下腰做"桥"。

（5）屈腿弯腰，双手胯下向体后远伸。

（三）柔韧性素质训练中应注意的问题

（1）柔韧性素质训练要经常进行，使肌肉和韧带的伸展性不断得到发展，尤其要根据专项特点和自己的薄弱环节进行训练。

（2）柔韧性素质训练一般应采取动作结构与技术动作相似的伸展方法练习，并可以结合发展其他素质的练习共同进行，使之相互促进，朝有利的方向发展。

（3）要根据气候变化，合理安排练习。气温对柔韧性素质训练有一定的影响：天气温暖，全身发热时柔韧性好；天气寒冷时，身体柔韧性差。

七、发展协调性素质训练

（一）发展协调性素质训练概述

协调性素质是指运动员能够按自己的意志控制全身各部位的肌肉，以最轻松、最省力、最合理的配合方式来完成动作的能力。排球运动员的协调性素质，主要是指队员根据场上突然出现的情况，迅速、准确、合理地完成复杂动作的应变能力。它也是由力量、速度、耐力、灵活性和柔韧性等组成的一种综合素质。协调性素质只有在熟练掌握动作技能后才能较好地表现出来。因为动作技能的动力定型建立的数量越多，运动员的协调性就越好，在运动中的动作就越显得协调。因此，运动员具有良好的协调性，就有助于迅速掌握技术动作；同时，若运动员掌握的技术动作越多、越准确，就越能提高协调性和灵活性。

（二）发展协调性的练习方法

（1）两臂同时分别向前后绕环（一臂向前，一臂向后）。

（2）两脚开立和并拢连续跳跃，双手从体侧至头上击掌还原，按上述规定反过来做。

（3）一腿支撑跳，另一腿前后摆，两腿交替进行。要求双手前摆时触脚面。

（4）做左右单腿交换跳跃，右手摸左脚，左手摸右脚。

（5）做平衡木、武术、舞蹈的一些动作，如平衡木上的垫步走、高抬腿走、行进间旋转小跳步，武术中的二踢腿、旋风腿等。

（6）各种跳绳、旋转球、游戏等练习。

（7）做各种方向的跳跃运动：向前单、双足跳；向右单、双足跳；旋转180°、360°跳；侧向单、双连续跳；交叉步跨跳、分腿跳；向各方向跳等。

（三）协调性素质训练中应注意的问题

（1）协调性训练最好与灵敏、速度、跳跃等素质结合起来进行，并在队员精力比较充沛时进行，疲劳时协调性训练效果较差。

（2）在青少年的基础训练阶段，要特别重视协调性能力的培养。青少年正在长身体阶段，一般协调性较差，如加强协调性训练，对其以后身体素质的提高帮助很大。

第三节　排球运动对大学生心理健康的影响

一、心理健康概述

（一）心理健康的概念

通常认为，没有身体疾病就是健康。然而，当前的健康教育理论体系已不再把健康的概念局限在身体的范畴。1989年，联合国世界卫生组织（World Health Organization，WHO）对健康的定义是：健康不仅是没有疾病，而且包括躯体健康、心理健康、社会适应良好和道德健康。有研究表明，心理因素与身体健康、疾病有着非常密切的联系。例如，人在心理失调的情况下，血压升高是通常的生理反应。如果心理调节适当，可缓解血压升高的状态。但是，如果一个人经常处于心理失调的状态，就会引起血压调节机制障碍。血压长期降不下来，继而引起肾、脑及心输出量发生相应的变化，最终导致高血压。所以，现代健康的理念早已经超越传统的医学模式，心理的健康已成为"健康"范畴中的重要组成部分。一个真正健康的人不仅具有健康的身体，还应该有健康的心理状态和行为。

心理健康是一个极其复杂的动态过程。一般指个体在心理上发展完善，形成健全的人格、个性，以积极的、平衡的、正常的行为方式调整心理状态，拥有和谐一致的社会交往关系。也就是说，个体在适应环境的过程中，具有良好的心态，生理、心理和社会各方面达到和谐一致。有人认为，心理健康反映一种积极、丰富而持续的心理状态，对环境高效而愉快的适应能力。一个心理健康的人应具有积极的社会适应能力、统一的人格、热情和良好的行为方式。也有人认为，健康的心理能够充分发挥个人的最大潜能，妥善处理和适应人与人之间、人与社会之间的相互关系。

综上所述，心理健康主要包括 5 个方面的内容，即个体在人格智能上能得到充分发挥，在社会交往中拥有良好的人际关系，在情感表达上达到最佳体验，在完成工作中实现最高的效率，在生活质量上能够持续改善。

（二）心理健康的标准

1. 马斯洛的心理健康标准

（1）有充分的自我安全感。

（2）能充分了解自己，并能对自己的能力做出恰当的评价。

（3）生活的理想和目标切合实际。

（4）不脱离周围现实环境。

（5）能保持人格的完善与和谐。

（6）具有从经验中学习的能力。

（7）能保持良好的人际关系。

（8）具有适度的情绪表达与控制的能力。

（9）在不违背集体意志的前提下，能有限度地发挥个性。

（10）在不违背社会规范的情况下，能适度地满足个人需要。

2. 世界卫生组织提出的心理健康标准

（1）智力正常。

（2）善于协调和控制情绪。

（3）具有较强的意志和品质。

（4）人际关系和谐。

（5）能主动地适应并改善现实环境。

（6）保持人格的完整和健康。

（7）心理行为符合年龄特征。

3. 中国心理卫生协会的心理健康标准

（1）智力活动基本正常。

（2）适应环境，应对现实。

（3）人际关系和谐良好。

（4）认识自我，悦纳自我。

（5）情绪稳定有安全感。

（6）心理活动和谐一致。

（7）社会角色功能良好。

（8）具有同情心和爱心。

（9）具有独立性、果断性、坚持性和自制性（意志健康）。

（10）人生态度现实积极。

4. 综合标准

尽管国内外对心理健康的评价标准不尽一致，但我们可以求同存异，从以下几个方面进行综合评估。

（1）心智正常。心智是人们的心理与智能的表现。智能是智力和能力的总称。智能正常反映个体对客观事物能正确认知并反应适当，从而达到满意的调节效果，而心理智能不健全者很难积极地适应环境。一般来讲，智能中的智力可由智商来测定，得分在130分以上，称为超常智商；得分在90分以上，称为正常智商；得分在70～90分，称为亚中常智商；而得分在70分以下，称为低智商。低智商的个体通常很难适应社会生活，完成学习或工作任务。必须指出，在衡量一个人的智能时，重要的参考变量之一是年龄，衡量心智发展水平应与同龄人比较。对外界刺激的反应过于敏感或迟滞，知觉出现幻想，思维出现妄想等，一般可视为心智不正常的表现。

（2）人格统一。人格是指个体在对人、对事、对己等方面的社会适应中行为上的内部倾向性和心理特征。人格反映个体心理活动所具有的一定的趋向，其行为在一定程度上是可预测的。人格一旦形成，就具有相对稳定性。一个统一的、协调的人格与一个残缺的、失调的人格，其心理过程和精神表现是截然不同的。心理健康的人，各个方面的心理特征是协调一致的，在行为上不会出现矛盾的现象。能够不畏艰苦，坚持不懈，以顽强的意志品质克服种种困难，达到既定的目标。行为上表现为主动、果断、坚定和勇敢。正确对待挫折和失败，做事情拿得起放得下，有条不紊。而心理不健康的个体通常表现出双重或多重的分裂人格，行为矛盾，优柔寡断，做事情前怕狼后怕虎，畏首畏尾，顾虑重重，稍遇挫折则气馁、沮丧。

（3）适当的自我认知。自我认知即个体的自我评价。心理健康的人，能够正确认识自己与客观世界的关系，正确评价自我，既不妄自尊大，也不过分自卑，与社会保持良好的接触，清楚自我在社会中的地位，自己的思想、信念、目标和行为能够跟上时代发展的步伐，与社会进步协调一致。心理不健康的人，其自我评价会发生偏差，或出现不稳定的状况，忽而极端自尊，忽而又极端自卑，与社会的发展产生矛盾和冲突。这类个体通常会逃避现实，表现为悲观失望或一意孤行，逆历史潮流而动。

（4）和谐的人际关系。人际关系指人与人之间的交往，反映个体或群体满足其社会需求的心理状态。心理健康的人，在人际交往中，互相接纳，尊重他人，积极交往，心胸坦荡，热情真诚和善良，又乐于助人，给人以归属感和安全感。而心理不健康的人，在人际交往中，则表现为互相排斥、贬低、离群、索居、沉默寡言、心胸狭窄、不能容人、施虐害人、"私"字当头、损人利己。这类人在对待他人时，常显得刻薄、挑剔、怀疑、憎恨，甚至嫉妒仇视，总以为别人和自己过不去。

（5）情绪稳定适中。情绪稳定表明中枢神经系统总是处于相对平衡的状态，机体功能和心理功能协调。由于外界事物总是不停地作用于个体，情绪也随之而变化。心理健康的人以愉快的、稳定的情绪为主，心情开朗，身心活动和谐，心智处于健康状态。情绪适中，会使身心处于积极稳定状态，对一切充满信心和希望。适中的情绪表现为能随遇而安，处变不惊，遇事不慌，善于控制和适度地表达感情。而心理不健康者则易激动、紧张、感情用事、不善于控制情绪。

（6）较好的心理调节能力。心理调节是保持良好健康状态的重要手段，由于人的社会性，交际、工作和生存给个体带来极大的心理压力，随着压力的增加，心理上的焦虑会对人产生副作用，引起疾病。减轻压力，需要调整心理，使得心理状态保持在平和的水平上。心理健康的人，表现为对外部环境能以社会认同的方式进行适应，因此，内部环境也具有安定感。他/她们通常运用一些适当的手段，来适应外部或内部环境的压力，使其具有较强的心理承受力。而心理不健康的人，对工作和社会通常表现为高焦虑状态，心理承受能力弱，对于环境的变化不知所措，怨天尤人。

（7）高质量生活。所谓高质量生活是指个体对生活的享受程度和幸福体验程度。越来越多的健康专家认为，生活的质量，不再简单指物质生活的质量，心理生活的好坏才是影响一个人健康的重要方面。心理健康的人追求高质量精神生活，积极改变不健康的生活方式，从中获得愉快和享受。

（三）影响心理健康的因素

人既是有机的自然个体，也是参与社会活动的成员；既要进行自身的新陈代谢，也必须适应周围的各种环境。人类只有从生理上和心理上不断地调节自身来适应周围环境的变化，才能有健康的生活和积极向上的进取精神。通常周围环境的各种刺激都会诱发人生理和心理的变化，是积极的还是消极的，都取决于个体对刺激的认知、评价和情绪体验，以及对它的应变能力。因此，影响心理健康的因素主要分为内部因素和外部因素两大类。

1．内部因素

内部因素反映个体主观认知倾向和自身所具有的内在心理健康特征。例如，得知自己高考失败后，有的学生心情难以平静，不能正确对待失败，自信心下降，从而产生心理障碍；而有的学生却恰恰相反，接受现实，总结失败经验，继续努力，迎接新的挑战。这些反应通常是内部因素作用于心理活动引起的心理状态。这样，作用于心理活动的内部因素主要包括认知因素、情绪因素和个性因素。

（1）认知因素。认知因素决定个体如何认识外界事物，影响对客观事物的特征和联系的理解。认知因素涉及感知、注意、记忆、想象、思维、言语等成分。在通常情况下，这些成分是协调发展的。如果它们之间关系不协调，认知就会产生矛盾和冲突，引起紧张、烦躁和焦虑。

（2）情绪因素。认知活动通常联动情绪反应。人的情绪体验是多维的，稳定而积极的情绪体验（如心境愉快、安定、精力充沛、适度）使身体舒适、有力。而经常波动的消极情绪体验（敏感、暴躁、易怒、冲动）使人心境压抑、焦虑、精力涣散、身体衰弱无力。

（3）个性因素。每个人都有自己独特的个性，人与人之间的气质特点是千差万别的，不同的特点对心理健康的影响也是不同的。个性因素在很大程度上受环境的影响较大，进而对个体的心理健康产生影响。研究表明，人格缺陷与社会交际能力低下有着密切的关系。人格有缺陷的人在社会交际方面表现为谨小慎微、优柔寡断、墨守成规、敏感多疑、心胸狭窄、求全求美、事事后悔、苛求自己。这些心理趋势很容易导致强迫症。再如，有的大学生在社会交往中，表现为易受暗示、耽于幻想、情绪多变、容易激动、自我中心、自我表现，这些人格特征，很容易导致癔症。因此，对于大学生来说，保持身心健康，培养健全的人格尤为重要。

另外，生理因素也会影响心理健康。这主要指遗传因素引起的智能低下、精神发育不全、遗传性精神病等。疾病导致的中枢神经受损及脑组织受伤等因素都会造成心理活动发生障碍，从而影响心理的健康。

2. 外部因素

外部因素通常是诱发因素，通过内部因素作用于个体，决定心理健康状况变化的现实性。例如情绪不适通常是因为失恋、挫折、家庭不和、经济不佳、怀才不遇等因素诱发所致。

（1）在外部因素中，家庭的因素对心理发展尤为明显，不良的家庭环境通常会造成家庭成员的心理异常。研究发现，家庭主要成员的变动（如父母死亡、分居、离婚、再婚等）会给家庭成员带来心理上的变化。家庭关系紧张（如父母关系、婆媳关系、姑嫂关系、兄弟姐妹关系不和谐）会引起长期的焦虑状况。另外，家庭暴力也是引起不健康心理的外部因素之一。

（2）学校是学生学习和生活的主要场所，学校环境对个体的身心健康影响很大，这些因素主要包括学校教育条件、生活条件，以及师生关系和同学关系等。例如，学校校风不正、教育方法不当、师生关系不和谐等，都会使学生感到心理压抑、精神紧张、焦虑。长期下去，会引起心理失调，导致不健康的心理状态。

（3）社会因素主要包括政治、经济、文化、社会关系等。这些因素对个体的心理健康起着重要的影响作用。由于个体对社会的依赖性，其思想、情感和行为都会受到社会意识的诱导，从而作用于个体的心灵。在当今的社会，人与人之间的交往日益广泛，生存竞争加剧，不免会给个体带来心理压力，影响身心健康。

总之，上述各种因素会在不同程度上影响心理活动，最后对心理健康产生影响，这些因素相互制约，综合地对个体的身心健康发生作用。分析心理健康的影响因素，会帮助我们找出心理问题所在，进行对症心理治疗，使心理偏差得到纠正，这对保持健康的心理状态尤为重要。

二、体育锻炼对心理健康的作用

关于体育锻炼对心理健康作用的相关研究主要集中在对长期体育锻炼和一次性运动效果的比较上。长期体育锻炼是指个体在一定时间里进行有计划、有规律的锻炼活动。有关的比较研究表明，一次性运动通常对机体能产生一定的作用，但对心理状态无法起到太大的改变作用。例如，一次自行车骑行运动的练习能增加机体的新陈代谢，但并不能降低焦虑状态，也就是说，这种一次性运动无法消除消极情绪的长期影响。必须长期坚持体育锻炼，才能改变消极的心理状态。长期进行体育锻炼可降低焦虑水平，并提高自我效能（个体对自己能力的评价和判断）。研究还认为，经常进行体育锻炼会促进一种叫"内啡肽"的物质的分泌。科学家称这种肽类物质为"快乐素"，可以调节人的心理和行为，有振奋人心的作用，能使人产生愉悦感。早在20世纪70年代，生理心理学家从中枢神经系统中发现了受体和与之相互作用的内啡肽物质。这一发现表明，神经活动中内啡肽物质的传递是通过受体来实现的，其体内的浓度水平与焦虑的体验有关。当焦虑增加时，内啡肽的含量也会随之增加。后来，许多学者认为，几乎任何与情绪有关的体验都会对内啡肽的浓度水平产生影响。内啡肽是体内自生的一种类似吗啡的物质，其分泌量根据体内系统状况自动调节。由于在功能上类似吗啡，能引起应激反应，对压力有调适的功能，所以，内啡肽会使焦虑的病人变得安静。然而，"内啡肽"在体内生成极少，一般只能存活2～3天。故只能在一定的范围内调节。要想使机体不断分泌内啡肽，可以通过经常锻炼、健身来实现。如果一个人坚持锻炼，持续半年后机体就开始分泌内啡肽。一旦停止运动，分泌量会逐渐减少，5天后就停止分泌。因此，锻炼必须长期坚持，不能中断。否则就会前功尽弃。另外，长期锻炼不单是快乐之源，每天坚持锻炼的人，体内还会分泌一种能清除血管壁上的附着物的物质，从而使血管保持弹性，降低血压，确保人体健康，充满青春活力。

有的心理学家认为，长期体育锻炼能减少焦虑是因为体育活动能解除紧张状态和焦虑，但是这种解除只是一种短期现象，而长期的、有规律锻炼才能起到长期的调整作用。美国1983年的一项调查研究显示，1750名心理医生中，有60%的人认为应将体育活动作为一种治疗手段来清除焦虑。可采用的锻炼形式包括走步、游泳、骑自行车、力量训练和跑步。另外，该研究还表明，体育锻炼对治疗抑郁症也极为有效，长期的体育锻炼与焦虑和抑郁都存在负相关关系。

由此可见。长期体育锻炼可以促进心理健康。对于一个患有心理疾病的人来说，这种效益就会更加明显。心理健康的人在体育锻炼之前焦虑、抑郁程度都较低。这样，体育锻炼进一步降低其焦虑、抑郁程度的可能性自然就小一些。而有心理疾患的人如果焦虑、抑郁水平很高，通过长期体育锻炼显著改善心理状态的可能性应当较大。研究表明，进行8周的体育锻炼后，心理疾病患者的抑郁状况得到了明显的改善。另有研究表明，进行有氧练习的学生，其心境状况改善的程度较大，特别是那些练习前存在情绪问题的学生，其心理状态改善的程度最为明显。这提示体育锻炼可能对有心理疾患的人具有更明显的效益。

三、排球运动与心理健康

排球运动作为一项体育活动对心理健康的发展起着积极的促进作用。对于一个健康的人来说，经常参加排球锻炼，可以提高心理健康水平，缓解焦虑，提高自身效率，发展积极的情绪。对于患有心理疾病的人来说，长期科学、适宜的排球锻炼能有效地改善心理状态。

（一）排球运动对心理健康发展的促进作用

排球运动是促进大学生个性、心理良性发展的重要途径之一：大学生这一群体的文化背景、年龄特征和社会角色特征决定了他们自身心理健康的特点。大学生具有较高的智力水平，富有活力，朝气蓬勃，他们在激烈的竞争和完善自我的奋斗过程中承受着巨大的压力。排球运动对缓解压力，消除精神紧张具有重要的作用。具体表现如下：①排球运动具有调节人的紧张情绪的作用，能够改善生理和心理状态，恢复体力和精力。②排球运动能增进身体健康，使大脑疲劳状态得到缓解，从而精力充沛地学习、工作。③排球锻炼可以陶冶性情、保持健康的心态，充分发挥个体的积极性、自主性和创造性，从而提高自信心，端正价值观，使个性在融洽的氛围中获得健康、和谐的发展。④排球运动属于集体项目，通过组织竞赛活动，可以培养人的团结、协作及集体主义精神。

（二）排球运动有助于减轻焦虑状态

现代社会中，人们面临的挑战很多，心理上存在着多方面的压力，比如来自社会责任的压力、来自生活本身的压力、来自竞争的压力，以及来自整个社会不断加快的节奏的压力。它们迫使人们改变原有的生活方式，加快生活节奏。人们的进取心越强，这种压力感也就越明显，这种压力若过于沉重，就会出现种种心理障碍。长期进行排球运动是预防和治疗心理疾病的有效措施之一。

焦虑和抑郁是大学生遇到的最常见的情绪困扰。焦虑患者常常无端地感到心烦意乱，惶惶不安，甚至产生恐惧感。它们不是由具体事物引起的，患者往往找不到引起焦虑的具体对象和理由。随着焦虑的产生，常常伴有心悸、头昏、恶心、手脚冰凉等症状，从而导致注意力不集中，正常的学习和工作几乎不能进行等后果。坚持一个学期以上的有氧练习可以有效地降低焦虑水平。1991 年，S. J. 彼特鲁茨罗等人进行的 104 项研究表明，20 分钟有氧练习（如排球运动）可降低焦虑水平。同时，锻炼又能降低心率和血压，减轻特定应激源对生理的影响。另一项研究表明，中等强度的有氧练习

（适量的排球锻炼）有助于降低轻度和中度抑郁水平，甚至比放松练习和其他愉快的活动更有效，如果能与心理治疗相结合，就能更有效地缓解抑郁状况。长期适量的锻炼既可以降低特质性（长期、稳定的）抑郁，也可降低状态性（短期、活动的）抑郁。因此，排球运动既可降低正常人的抑郁，又可降低心理疾病患者的抑郁。

（三）排球运动有助于塑造健全的人格和精神

排球运动有助于促进性格、气质的形成和发展。有研究表明，通过排球运动可以塑造人的心灵，促进个性气质的发展。2000多年前，荀子曰："形具而神生"，即精神要依赖于身体，有了身体才有精神。18世纪法国医生兼科学家朱利安·奥弗鲁瓦·德·拉美特利曾说："有多少种体质，就有多少种不同精神、不同性格和不同风习。心灵随着肉体的进展而进展，就像随着教育程度而进展一样。"现代体育的发展进一步证实了前人的观点，它告诉我们，在创造健壮形体的同时，体育也在塑造着和谐的心灵和精神。排球运动可以坚定意志，而有坚强的意志品质才能坚持锻炼，二者相辅相成、互相促进。

排球运动能培养对个体、集体、社会的责任感，从而剖析自我、认识自我、迎接挑战。排球运动有助于人的新价值观的形成过程，而这种价值积累是其他任何社会教育活动所无法代替的，其丰富多样的排球锻炼形式能促进人与人之间的交往，使学生们不仅能接受自我、接受他人、悦纳他人，也能认可别人存在的重要性和作用，同时也能为他人所理解，为他人和集体所接受，使人际关系和谐，家庭幸福美满。个人和集体由此紧紧地融为一体，既能共同享受胜利的快乐，又能共同分担失败的痛苦。这种气氛能使人产生安全感和自信，学生们能正确对待生活、学习和工作中的各种困难和挑战，待人接物适当、灵活，对外界刺激的反应不偏颇，能够与社会的步调合拍，也能和社会、集体融为一体。这是当代大学生应该具备的优良品质。

四、增进心理健康的排球练习方法

（一）放松训练

一定的放松练习（呼吸、暗示、表象、音乐等）可以使肌肉放松，使大脑安静，从而调节中枢神经的兴奋水平，缓解紧张情绪。放松训练是心理训练的基本功，它应当包括以下几个环节（见图2-1）。

准备动作	→	卧、坐、站均可，以舒适放松为标准。
开始动作	→	全身放松，闭目，想象自己正处在一个非常舒适、宁静的环境中。
松感阶段	→	变正常呼吸为慢速、均匀、深长而且自然的腹式呼吸。
热感阶段	→	按上述顺序，在语言引导下体验温暖的感觉。
静感阶段	→	感到前额清凉，内心平静，只听到自己呼吸和心跳的声音。
全身心进入	→	全身进入放松入静状态，充分享受一下这种状态。

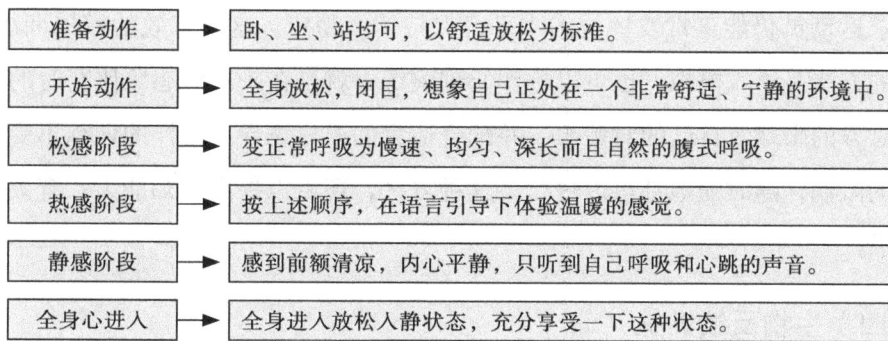

图 2-1 放松训练的环节

放松训练的主要作用是通过大脑与骨骼肌双向联系的反复沟通，提高中枢神经的调节、支配功能，降低中枢神经系统的兴奋性，从而缓解紧张情绪，加速身、心恢复，并为进行其他心理训练打下基础。放松训练应当坚持"系统练习"，每天做 1～2 次，每次 10～15 次。

（二）注意力集中训练

注意力集中是通过对一定目标的持续集中，提高注意的稳定性，培养抗干扰能力。排球练习者的注意力目标应以活动目标为主，并要求有一定的注意范围。怎样进行注意力集中训练呢？

（1）选择练习方法，如选择听觉练习、视觉练习、呼吸调节练习或注意力想象练习。

（2）注意力目标的焦点，应由广至窄，由大到小，由四周到中央。

（3）注意力集中的过程应由外部目标转向内部目标，如由周围环境转向练习者自身身体，由浅层转向深层。

（4）与分散注意力的因素接触，模拟干扰，在有干扰的情况下进行注意力训练，以此提高适应能力。

（5）进行放松和视觉化练习。

（6）使用积极、简明的暗示语，如集中、准、快。

集中注意力的根本途径就是控制住你的大脑，增强心理技能。通过放松和表象训练，也可以有效地提高练习者的注意力水平。

（三）模拟训练

模拟训练，也称针对性训练或实战训练，目的是提高适应不同环境和不同对手的能力。例如，模拟比赛场地、气候、时间、不同打法的对手，甚至不公正的裁判等情境，要求运动员仍能正常发挥技术水平，保持情绪稳定，这是有效的模拟训练手段。最简便的方法是语言模拟，也可以称作心理演练，就是在头脑中想象比赛时的各种情景，如对方的来球及自己的对策等，并配合适宜的语言诱导。这样的训练不受任何客观条件的限制，随时随地都可以进行。这种方法，还可以提高认知能力，有效地降低焦虑水平。

（四）生物反馈训练

利用现代化的电子仪器设备，将机体生理过程变化的信息进行加工放大后，直观地、及时地反馈给生物体本身，使其即刻知道并采取一定的措施调节、控制自己的一种方法，被称为生物反馈训练法。生物反馈训练有助于培养练习者自我调节、控制情绪的能力，提高肌肉认知水平。但由于受仪器的限制，这种方法一般应用较少。

第四节　排球运动对大学生社会适应能力的影响

中共中央、国务院《关于深化教育改革全面推进素质教育的决定》中指出："进一步改进德育工作的方式方法，寓德育于各学科教学之中，加强学校德育与学生生活和社会实践的联系……培养学生坚韧不拔的意志，艰苦奋斗的精神，增强青少年适应社会生活的能力。"可见，良好的社会适应能力是我国教育改革所提倡的"素质教育"理念的一项重要内容。

社会适应能力是指人为了在社会中更好地生存而进行的心理上、生理上及行为上的各种适应性的改变，与社会达到和谐状态的一种执行适应能力，也就是个体适应自然和环境的有效性。这里的适应有主观适应和客观适应两种，一是个体自愿有目的地改变自己来满足需求，二是所处的社会环境要求自我改变来满足一定的需求。社会适应能力是一种社会实践能力，其中不仅包括个体改变自己以适应环境，也包括个体改变环境使之适合自身的需要两个方面。

从广义上来说，社会适应能力是指个体为了适应社会生活环境而调整自己的行为习惯或态度过程的能力，社会适应能力包括人的自我心理调节能力、辨别区分事物的能力、与人沟通的能力、应变能力、理解能力和独立处理事务等方面的能力。这就要求个体和环境合理地融合达到一种协调的状态，即达到个体与环境和谐关系需要个体自身改变与环境改变两个方面相辅相成。《体育与健康》将社会适应能力定义为社会健康，即个体与他人及社会环境相互作用、具有良好的人际关系和实现社会角色的能力。

一、排球运动对大学生社会价值观念的影响

价值观是文化观念的核心，也是文化精神的集中体现，它是指人们对社会经济活动的价值判断或价值取向。当前我国社会的转型和深刻变革引起社会利益结构的变化，给人们思想观念带来了猛烈的冲击，大学生价值观也因此而产生了新的变化。

体育价值观是人作为主体对体育这一事物的主观反映与评价，决定着个体的体育认知水平与行为。大学生青年群体特性决定了该群体思想活跃开放，容易接受新生事物，更注重观照自我，并在此基础上明确自己的体育价值取向。大学生是体育价值的主体，因此，应当从大学生的群体特质角度去认识作为价值客体的体育属性及体育在满足个体需要方面的作用。根据新时期体育对大学生的意义进行分析、归纳，大学生体育价值观包括体育的教育价值观、健康价值观、休闲娱乐价值观、竞争价值观和道德价值观。排球运动作为高校大学生喜爱的体育项目，在对大学生体育价值观的培养上起着重要的作用。

（一）对大学生体育教育价值观的促进

当代大学生的体育活动形式更为丰富，无论是专业的竞技比赛，还是趣味运动会，都是教育大学生健康、快乐地生活。学校体育对大学生体育价值观的形成有着重要的作用，这不仅仅是因为大学生大部分时间是在学校度过，更重要的是大学阶段是其价值观形成的关键时期。大学生具有较强的自主意识和独立思考能力，关注自身成长，大学生在学校这一相对封闭的环境中越来越注重通过教育达成"自我设计""自我实现"的目标，对体育的教育属性的认知已纳入了个体的价值观体系当中。大学生对体育在人的个性的发展、意志的培养、终身体育运动技能的形成等方面的高度认同，凸显出大学生对体育教育价值的正向理解，体现了当前体育运动对大学生重要的教育意义。

（二）对大学生体育健康价值观的促进

"健康第一"的理念、科学的健康观念，受到大学生的高度认可，这体现出大学生对健康的正确理解和对幸福生活的追求。身处社会转型和价值观念深刻变革时期的大学生是一个高度追求自我价值、处于高压力状态的群体，健康的身心意味着个人的可持续发展，这也是未来事业成功的保证。以体育促进身心健康成为大学生体育健康价

值观的基础，直接决定着大学生体育健康价值观的发展与走向，是大学生体育健康价值观的现实指标，表明了大学生体育健康价值观的主流认知与国家体育价值观导向的高度契合，两者有着共同的指向。

（三）对大学生体育休闲娱乐价值观的促进

大学生对体育的休闲娱乐价值的积极认同，凸显出大学生通过体育追求幸福生活的理想。通过参与体育，扩大了自己的"关系网"，与有共同体育爱好的同学、朋友的交往有利于缓解压力、消除烦恼，感觉到更多的快乐，精神生活得到了极大的满足和充实。如今，休闲的、娱乐的体育内容与形式更能满足大学生对和谐生活的向往。丰富多彩、紧张刺激的体育活动深受大学生的喜爱，激发了大学生参与体育、欣赏体育的热情，使大学生闲暇生活变得充实生动，精神生活得到了极大的满足和充实。

（四）对大学生体育竞争价值观的促进

学校要始终坚持以"达标争优，强健体魄"为目标，这是体育运动的具体要求，与赞赏竞争、敢于竞争的现代社会普遍价值观相吻合。现代精神是勇于竞争的精神，商品经济就是竞争的经济。竞争是体育的外在表现形式，源自对日常生活中竞争现象的模仿，体育的各种规则也便是体育场上的"道德"和"法律"。置身于校园里的大学生，并非一个单向封闭的群体，随着身心的进一步成长，其思维、行为的触角已延及社会的方方面面，通过参与体育竞技，体验体育竞争，享受获胜快乐，体会失败感悟，大学生对体育竞争的价值追求越来越明晰，进而对体育运动内涵的理解也越来越深入。

（五）对大学生体育道德价值观的促进

关注公平、遵章守法、追求和谐，是当今社会的主旋律，也是"营造健康和谐、积极向上的体育文化"这一体育运动目标的重要内涵。体育对青少年的思想品德、审美素养的形成具有不可替代的重要作用，符合青少年对健康生活方式的追求。有研究表明，大学生整体上具备很强的批判体育竞技过程中的欺诈、不尊重对手等不道德现象的权利意识，但对体育竞技中利己、取巧的价值评价中存在着较明显的模糊态度，在理智与欲望选择中容易缺失恪守体育道德规范的责任与义务。大学生的个体差异性决定了其对体育道德价值评价的不同，大学生对各种复杂的体育现象特别是竞技体育的道德现象并无太深刻的体验，当前也缺乏对大学生进行各种体育道德问题评价标准的具体教育渠道。因此，更有必要进一步促进大学生体育道德观的培养。

二、排球运动对大学生社会行为规范的影响

排球运动有助于强化学生的规范意识，增强学生调控自己行为、态度的能力。这里所说的规范，主要指与学生体育行为有关的各种规范，包括排球规则和其他约定俗成的各种体育规范。由于这种规范是排球比赛的条件，因而，要学生参加到排球活动中去，就不可避免地会受到规范的约束。在规则、裁判或舆论等作用下，学生的规范意识会逐渐增强，学生会逐渐学会在规范的约束下进行练习和比赛。由于排球活动中形成的规范意识有助于学生一般行为规范意识的形成，这就使得排球锻炼对学生的社会化进程具有重要的意义，进而有助于学生法治观念的形成。

（一）排球运动与协作意识

排球是有着较为严格分工的集体体育运动项目，排球规则明确规定在比赛中，任何人均不得连续两次击球（拦网除外）。因此，协作意识、团队精神是取胜的关键，主攻手、副攻手、二传、一传缺一不可。只靠个人技术、个人拼搏是不能获胜的，只有遵循有序性、有机关联性等规律，队员之间密切合作、齐心协力，并运用周密娴熟的战术配合，才能使这个集体协作运转，获得大于个体运作之和的整体效益，达到比赛所期望的目标。例如，曾经夺取"五连冠"的中国女排，论个人技术和身体条件，并不强于当时的美国、苏联或古巴，她们获胜的关键就是依赖了队员相互之间、队员与教练之间的密切协作，从而形成了势不可当的集体效能。由此更进一步证实，排球需要集体力量，需要协作。然而，协作意识并非一朝一夕可以形成的，必须通过参与排球教学、练习、竞赛等活动，并不断地重复磨炼，才能在潜移默化中逐步培养与增强这种协作意识，并使之"生活化"，融入我们的工作和学习之中，改善我们的社会适应能力。排球运动对协作意识和协作能力的锻炼与培养，是由排球运动本身的属性所决定的。它对造就未来社会大量需要的协作型人才，起到了其他教育方式难以比拟的效果。

（二）排球运动与人际关系

所谓人际关系，是指在社会交往过程中，人与人之间所形成的和谐或抵触的情感关系。它表现为人与人之间心理上的距离，反映着人们寻求需要被满足的心理状态。在当今社会中，人际关系的好与坏，往往能影响人们的学习、生活及事业的成败。既然人际关系对人的生活具有如此大的影响，那么，通过何种途径才能有效地培养和提高当代大学生的人际交往能力呢？其实，排球运动可以起到良好的正相关作用。

社会学研究表明，影响人际关系改善的主要因素有沟通能力、对身体语言的理解

和使用能力、自我意识水平和移情能力等。而排球运动又恰恰对影响人际关系改善的主要因素具有直接作用。排球场上，队员之间传递信息的眼神和手势、鼓励与安慰的语言、有力的击掌和轻触的关心，都有利于培养和提高人际交往能力。排球比赛中，队员之间的身体语言起着相互沟通的重要作用。我们通过身体语言得知同伴的意图，同时反馈自己的信息，还在技、战术的创新和实践中不断地丰富着它的内涵。因此，排球运动可以发展学生们的身体语言，并使之在社会交往中发挥作用。同时，排球运动中所形成的自我意识行为在不断运动实践中将变成一个人的自觉行动。锻炼者将这种能力运用到社会交往中，就可以更真实地了解自己和别人对自己言行的反映，提高自己的社交技能。大学生人际关系具有以下特点：第一，大学生之间的相互关系应该是一种团结友爱、平等互助的关系；第二，大学生的人际交往具有浓厚的理想色彩，比较理性、纯洁、真诚；第三，大学生人际交往相对比较简单、稳定；第四，认知因素在大学生的人际关系中起着主导作用。排球锻炼以其特有的方式满足了大学生身心发展的需要。

（三）排球运动与和谐氛围营造

推进素质教育的全面实施，是我国高等教育改革和发展的主旋律。社会需要德、智、体三方面均衡发展的综合性人才，体育教育则显得尤为重要。因为它不仅增强了大学生的体质，给德育、智育打下了坚实的基础，又为大学四年的学习、生活，以及以后步入社会营造了和谐氛围。

1. 创设和谐、愉快的课堂情境，教与学形式多样

现代社会倡导"以人为本"，尊重学生的选择，以学生为主体。教师应把整个教学过程转变成学生的学习过程，教师的教应从学生实际出发来促进学生的学，充分发挥教师在课堂教学中的主导作用。教师要有良好的教态、优美正确的示范动作和精练的讲解；同时，还要充分了解学生、关心学生、爱护学生、信任学生、跟学生做好朋友；和蔼可亲的教学态度，良好的精神面貌，融洽的师生关系，会使学生在课堂的学习情绪也受到鼓舞，学习兴趣得以激发，有利于学生联想、分析、推理和进行创造性学习。正如爱因斯坦所说的："兴趣是最好的老师。"在进行排球运动时，教师应结合学生的兴趣进行创新，采用视听教学等多元化的教学方式，从实际出发，制定一系列切实可行的考核制度，使学生们的自主性得到最大的发挥，充分享受运动的公平与和谐良好的氛围。

2. 采取比赛形式营造良好的学习氛围

在排球运动的准备环节，教师有意识地将学生分组进行练习，并对完成较好的组

给予表扬。在排球运动的运动过程中，通过比赛来营造团结、拼搏和进取的课堂气氛，有利于学生们互助互爱，并在这种和谐的氛围中掌握排球运动的知识与技能，提高学生的能力。

研究表明，一个人如果没有受到激励则只能发挥自身能力的30%，如果得到激励则能发挥出90%。教师应善于通过激励机制来提高课堂的效率，创造出良好的学习氛围。在课堂上，教师对学生良好的表现应立即做出表扬和鼓励，如鼓掌鼓励和语言鼓励等。教师的期盼与支持，能激励学生主动学习、探索知识和勇于进取，提高其学习的信心和积极性。这样，学生会感觉到在排球锻炼中的自我价值和成就感，会更努力地投入课堂学习中。这有助于学生掌握运动技能，营造良好的学习氛围，也有利于学生实现终身体育的目标。

（四）排球运动与体育道德精神

1. 体育道德精神的含义

体育道德是社会道德的一部分，是个体的品德在体育活动中的反映。良好的体育道德是一个国家和民族精神文明的具体体现。一个没有强大精神支柱的民族，不可能自立于世界民族之林。任何体育比赛都需要有强大的精神动力作为支撑。作为运动参与者，良好的体育道德包括：尊重他人对体育活动的兴趣和需要，在体育比赛中遵守规则和服从裁判，在体育活动中不故意伤害他人，成为体育比赛中的文明观众。体育道德的内容表现形式包括体育道德意识、体育道德行为和体育道德规范三部分。体育道德意识指体育活动参与者所具有的道德情感、道德意志、道德信念和道德伦理。体育道德行为指体育活动参与者所表现出来的对社会或他人有一定影响的体育行为。体育道德规范指体育活动参与者体育道德行为的准则。它不仅是比赛中参与者必须遵守的道德准则，也是非正规比赛和体育游戏中参与者应该遵守的行为规范。

体育既是物质的，又是精神的。古代奥林匹克运动会的创立和现代奥林匹克会的重建，主要目的之一是为了弘扬人类的人文精神。现代经济活动多以一定的人文活动形式进行或表现为一定的人文活动。但在当代众多的人文活动因素中，几乎没有几种可以像体育那样极大地影响经济活动。可以说当代体育文化浸润于整个经济领域，既表现为动力、资源，又体现为一种推进器和润滑剂。体育文化的这种看不见、摸不着的底蕴作用，是企业发展隐藏的、深层的推动力。

高校体育课中的排球运动具有特殊的精神作用，它能把人们团结在一起，使人积极向上、勇于创新，促使个性、独特气质的形成。所以，学校体育教育不仅能强体魄、长知识、增技能，更重要的是能够让学生的思想道德素质得到培养和发展。在体育教学中渗透德育，关键是要解放思想，转变观念，结合学校和学生的实际情况，充分利用排球运动自身所具备的优势，大胆创新，有的放矢地使德育工作贯穿高校体育教学的各个环节。

2. 如何遵守体育道德

首先，要提高对体育道德的认识，树立正确的体育道德观念。只有观念正确，才能识别哪些言行是道德的，哪些言行是不道德的。有了这种识别能力，才能在比赛中规范自己的言行，在观看排球比赛时，自觉遵守赛场的规定，做文明的观众。

其次，加强自己的道德修养，形成良好的体育道德习惯。在排球运动中，个人的道德表现是现实生活的缩影，最能真实地反映一个人的思想品德状况。如果一个人平时对自己要求很严格，养成了遵守纪律的良好习惯，在排球比赛中就会很自然地遵守比赛规则，遵从裁判员的判罚，同时，也会把这种良好的行为习惯迁移到学习和生活中；相反，如果一个人平时对自己的要求很松，经常违反纪律，在排球比赛中也不会表现出良好的体育道德，这就是所说的习惯成自然。

最后，要大胆实践。因为体育道德是在体育活动（例如排球比赛）中非常自然地表现出来的，所以，要在实践中加强锻炼，提高自己的道德水平，有意识地实践良好的体育道德行为。

综上所述，良好的体育道德精神，并不是在一次排球运动中就能形成的，需要教师和学生共同努力，不断修正自己的行为规范，从小事做起，一点一滴慢慢形成。但可以肯定地说，排球运动对体育道德精神的形成能起到重要的促进作用。

三、排球运动对大学生现代生活方式的影响

在不同的时代，生活方式的内涵与外延不断发生变化。一般来说，生活方式是人们日常生活内容的总称，不同的生活内容表现出不同的生活方式，反映出人们不同的生活价值取向。现代生活方式与现代生产劳动方式有直接关系，不同的社会历史阶段的生产劳动方式决定不同的社会生活方式，不同的社会经济发展水平和物质生产的发达程度决定生活方式的主要内容。现代生活方式是现代社会条件下，人们的生产、生活活动本质特征的总和。它包括人们的劳动生产方式、日常生活方式、精神生活方式、物质生活方式等各方面，而且它们之间相互影响、相互作用，其中劳动生产方式起基础性和决定性的作用。

健康的生活方式对大学生的体质及心理健康、生活满意度、自尊有积极的促进作

用；不良的生活方式会损害身体健康，如会引起头痛、肥胖、非酒精性脂肪性肝病等，严重的甚至会导致死亡。目前，由不良生活方式引起的大学生的健康问题日益突出。而大学生作为我国社会群体的重要组成部分，对我国未来的发展起着举足轻重的作用，因此，提高大学生的健康意识，促进大学生养成健康的生活方式尤为重要。

（一）大学生现代生活方式中存在的问题

1. 不良生活习惯和生活压力引发身心亚健康状态

对于离开了中学时代的大学生而言，大学阶段意味着远离家庭和父母，自主安排生活，特别是高考的成功使他们增强了自尊心与自信心，从而强烈地要求独立，竭力想摆脱家长，打破一切成人的约束。此时，不良的生活习惯也趁机侵入了自制能力较低的大学生的生活。有调查显示，在大学校园的男生群体中，承认自己吸烟的占 11.7%，承认自己饮酒的占 34.2%；在体育锻炼方面，有 26.5% 的学生以"没有时间""缺少运动伙伴"为理由基本不参加体育运动；对于身体不良症状的调查显示，61.4% 的学生感觉自己"注意力不集中"，59.8% 的学生感觉自己"情绪低落"，35.7% 的学生感到"记忆力下降"，还有 28.7% 学生有"失眠多梦"等现象出现。由此可见，大学生的身心状态不容乐观，这不仅仅源于"吸烟饮酒"或是"缺乏体育锻炼"等不良生活习惯的影响，更重要的是学习、生活所带来的心理上的压力严重影响了学生的生活状态。

2. 部分学生人际交往能力较差

大学生的人际交往具有与其他社会群体不同的特点。首先，交往程度比较密切。有调查显示，9.8% 的学生认为与同学之间关系非常亲密，61.8% 的学生认为与同学之间的关系比较亲密，27.6% 的学生认为与同学之间的关系一般，0.8% 的学生认为与同学之间没什么交往。总的看来，大学生群体相对社会其他群体而言，人际氛围比较和谐。其次，交往动机也比较纯洁，选择"结伴共同生活学习"的占 65.3%，选择"欣赏他人的个性"的占 62.9%，选择"发展共同爱好"的占 60%。由此可见，大学生的人际交往对象较为单纯，交往动机较少带有功利色彩，注重情感满足。最后，交往手段比较多元，调查显示，大学生交往方式主要以当面交谈、电话和上网为主。总之，大多数学生对于人际交往的态度是积极的，他们能够通过不同的媒介主动地与人交往，注重情感上的满足与交流，交往动机较少带有功利色彩。但是，从数据中我们也可以看出，近 30% 的学生人际关系一般或较差，对于这些学生还需要我们进一步加以引导，提高其人际交往的动机和技巧。

3. 普遍密切接触网络，网络行为亟须引导和规范

"上网"已经成为大学生课余休闲的一个主要内容，无论是"看书学习"或是"谈论聊天"，网络都被当作一种主要的生活工具，越来越多地侵占着大学生的学习和生活时间。通过对学生上网时间的调查发现，65.9%的学生每天上网时间为7小时以内，25.5%的学生为7～14小时，8.5%的学生平均每天上网时间为2～4小时，甚至有少数学生每天上网14小时以上，这必然会干扰大学生正常的学习生活。对于学生上网的目的，72.3%的学生上网为了查资料，28.7%的学生上网为了"聊天"，26.1%的学生为了"了解时事"，有12.2%的学生为了"打游戏"。由此可见，上网已经成为大学生活不可分割的组成部分，成为大学生新的休闲方式，或是精神及心灵的寄托。但是不可否认，网络在使大学生生活内容逐渐丰富的同时，也在逐渐消解学生的意志，生活因网络而变得单一、肤浅。

（二）排球运动对大学生生活方式的积极影响

由于社会的不断发展，学生在学习等各方面脑力劳动的增加，有可能造成身体的不适应和体力的下降。因脑力劳动而产生的疲劳，从全身转向大脑局部和高级神经系统。而繁重的脑力劳动又势必导致学生们生活方式的变化，并对其身心健康产生不良影响。经常进行排球运动，不仅可以通过肢体的运动，使高度紧张的神经系统得以休息，还可以缓解精神紧张。排球运动可以弥补和协调当代大学生生理和心理上的疲劳。

在排球运动中，参与者所掌握的多种运动技能和快速活动的方式，有利于他们在完成各种复杂的动作时，做到准确、协调、敏捷、不重复。参加排球锻炼可以锻炼人体的神经系统、心血管系统，更可以提高人体对快速生活节奏的应变能力和耐受能力，同时也可以帮助学生克服对快节奏生活的抵触、恐惧、烦躁和焦虑等心理障碍，抑制身心紧张的状况。排球运动还可以扩展人们的生活空间，它号召人们到户外去（如沙滩排球），到大自然的怀抱中去，充分享受阳光，获得快乐。

"生命在于运动。"体育锻炼是促进人们身体健康和改善健康状况的积极而有效的手段，是提高人们身体素质的重要方法。排球运动有助于智力发展，消除脑力疲劳，提高学习和工作效率。这种认识使人们，特别是广大青少年抛弃了那种"体育锻炼耽误时间，妨碍学习"的陈旧观念"，因此，排球运动显示出了它特有的作用和活力。

总之，排球运动可以调节人们的生活节奏、扩展人们的生活空间，将会在现代人的生活方式中发挥越来越大的作用。

第三章　排球运动的医务监督

第一节　排球准备活动及运动恢复

一、准备活动的意义与方法

准备活动是日常活动转入实际训练、比赛的桥梁，是进行剧烈的体育锻炼或运动训练、运动竞赛之前所做的一系列身体练习。目的是使身体各器官系统预先得到适当活动，提高中枢神经系统的兴奋性，增强机体各器官的机能，为逐步提高运动强度和做各种运动动作做好准备，以预防伤害事故。

准备活动的具体作用包括以下几个方面：① 提高肌肉温度，克服肌组织的黏滞性，增加肌肉、韧带的伸展性和弹性，预防运动损伤的发生；② 提高内脏器官的机能水平，以适应身体剧烈运动的需要；③ 调节心理状态，提高神经系统的兴奋性。

准备活动的方法为：一般准备活动主要包括拉伸、慢跑、徒手操和行进间练习等，专项准备活动包括基础练习、防守练习、扣球、发球和拦网。也有学校在普通高校女生排球课中使用创编的排球健身操代替传统的准备活动。

二、运动恢复的意义与方法

（一）运动恢复的意义

1. 保持身体机能

运动后放松可以使肌肉全面得到放松还原，只有这样肌肉才会保持良好的机能，收缩有爆发力，拉伸有韧性，全面的放松可以达到肌肉的最大功效，表现能力超强。

同时肌肉放松能有效地增加收缩前的肌纤维长度、放松对抗肌群、提高肌纤维收缩速度、增大肌张力、提高柔韧性，增大动作幅度。

2. 提升耐力

提高肌肉放松能力，可以减轻肌肉酸痛，提高肌肉工作效率，改善肌肉的供能过程，从而有利于速度耐力的提高。

3. 改善神经功能

肌肉放松有利于改善神经系统功能，缓解大脑疲劳，加快大脑皮质兴奋和抑制转换的灵活性，从而加速运动技能的形成，提高技术动作完成的质量，也有利于提高动作速度，加大动作力度。

4. 加快血液传输

放松活动能减少血液淤积，可加速全身血液重新分配，促进乳酸排除，有助于疲劳的消除，加速肌肉机能的恢复。因为运动时血液主要分布于运动器官，以保证运动时能量代谢的需要，运动后如不做放松练习而突然停止不动，由于地心引力和静止身体姿势，将严重影响静脉回流，使身体不适，甚至休克。

5. 提高质量

放松可以提高训练质量，是训练计划顺利进行的有力保证。放松活动能使心血管系统逐渐恢复正常，减轻关节压力，松弛紧张情绪，以使身体尽快恢复正常状态。因为自然休息很难使紧缩的肌肉完全恢复。

（二）运动恢复的方法

（1）整理活动一般应包括深呼吸运动及比较缓和的运动，量不可过大，要使肌肉主动放松，使身体逐步恢复到安静状态。例如在中长跑以后可仰卧在垫子上，将双腿举起抖动，可以促进血液的回流，改善血液的供给，这对于消除疲劳有积极的意义。

（2）运动后按摩：运动后按摩可反射性地改善和调节中枢神经的机能，消除疲劳，在运动时堆积在肌肉中的乳酸（无氧代谢产物）可以通过运动后的按摩尽快地被转化或排出。按摩一般应在运动后 20～30 分钟内进行。按摩的顺序，开始可先做轻推摩、擦摩、揉捏、按压和叩打，同时可配以局部抖动和被动活动，手法可随部位的不同而加以选择。

（3）运动后可对各个部位的肌肉进行拉伸放松。

（4）温水浴，可以加速疲劳的消除。

（5）供应充足的维生素和营养物质，其他营养物质如糖、脂肪、蛋白质及矿物质也有调节器官功能的作用。

（6）保证充足的睡眠。每日应保证 8 小时的睡眠时间，如果有大量运动，可以相应增加睡眠时间。

（7）剧烈运动或比赛后进行吸氧，对疲劳的消除作用明显。

第二节　排球运动常见损伤的处理与预防

一、排球运动损伤产生的机制及类型

（一）肩袖损伤

肩袖损伤多见于进攻手身上，主要是由于连续不断的挥臂扣球而造成的。快攻运动员主要是靠臂的快速挥甩来完成扣球动作的，那么肩袖损伤的概率要比靠腰和上肢的依次发力完成扣球动作的主攻运动员来说要高（据统计，在肩袖损伤的实例中，副攻队员占52%，主攻队员占27%）。

（二）掌指关节与指间关节挫伤

掌指关节或指间关节挫伤是排球运动较为常见的损伤。主要是由于传球和拦网造成的。手指过伸或受到侧后向的外力冲击，迫使掌指关节、指间关节向手背、掌侧过度伸或屈，从而引起掌指关节或指间关节的侧副韧带和关节囊撕裂，甚至关节软骨的挫伤。

（三）腰部的损伤

腰部的损伤在排球运动中是最常见的。一般可分为腰肌劳损和损伤性棘突骨膜炎两种。

（1）腰肌劳损

腰肌劳损是指肌肉长期疲劳，无数微细损伤的积累和急性损伤长久未愈所形成的一种病理变化。接一传时的预备姿势、防守等都是由较长时间的体前屈和半蹲来完成的，这样便容易造成疲劳性骨膜炎，也就是通常人们所说的腰肌劳损。因为腰椎横突与两侧软组织的解剖生理特点有密切关系，附着在横突上的肌肉据统计共有9块，在这9块肌肉中，有的是小肌肉，但也有不少是在完成脊柱运动中担任主要任务的肌肉，比如人体最大的完成竖躯干功能的骶棘肌，完成脊柱屈曲和旋转的很重要的腹部阔肌——腹内斜肌，在体育运动中很重要的完成屈大腿和躯干前屈的肌肉——髂腰肌，以及产生腹内压力的两块主要肌肉——膈肌和腹横肌等，以上这些肌肉均以其腱纤维穿过横突的骨膜而止于横突的骨质。在进行排球训练和比赛，特别是完成涉及有关屈伸的动作时，这些肌肉必须积极收缩，以其纤维牵拉骨膜，久而久之必然会引起肌腱附着区的骨膜发生炎性病变。

（2）损伤性棘突骨膜炎

排球运动中扣球的空中展腹动作易造成此伤。由于脊柱突然背伸或反复背伸致使脊柱活动性较高的7、8胸椎或3、4腰椎部位的棘突与椎板、棘突与棘突相互撞击，将棘突或棘间韧带挫伤，引起损伤性骨膜炎。

（四）膝关节处的髌腱炎

排球运动员髌韧带的慢性损伤，主要是由于经常处于半蹲位或由半蹲位起跳的次数过多造成髌韧带牵拉，进而逐渐形成劳损，也可称为股四头肌肌腱炎，或俗称"跳跃膝"。

二、排球运动常见损伤的处理方法

（一）擦伤

（1）轻度擦伤：伤口干净者一般只要擦上红药水或紫药水即可自愈。

（2）重度擦伤：（首先需要止血）冷敷法、抬高肢体法、绷带加压包扎法、指压止血法。

（二）鼻出血

应使受伤者坐下，头后仰，暂时用口呼吸，鼻孔用纱布塞住，用冷毛巾敷在前额和鼻梁上，一般即可止血。

（三）重度扭伤

应先止血、止痛。可把受伤肢体抬高，用冷水淋洗伤部或用冷毛巾进行冷敷，使血管收缩，减轻出血程度和疼痛。不要乱揉动，防止出血量增大。然后在伤口处垫上棉花，用绷带加压包扎。受伤48小时以后改用热敷，促进瘀血的吸收。

（四）脱臼

动作要轻松，不可乱伸乱扭。可以先冷敷，扎上绷带，保持关节固定不动，再请医生矫治。

（五）骨折

首先应防止休克，注意保暖，止血止痛，然后包扎固定，送医院治疗。

三、排球运动损伤的预防措施

第一，要加强对主要部位、关节力量的训练。排球运动是具有激烈对抗性的运动，因此一些主要部位关节的力量要加强，尤其腰部肌肉群、下肢肌肉群、手臂肌肉群、手指手腕肌肉力量等。另外，重要部位的关节力量也要加强，如踝关节、膝关节、指关节、腕关节等。只有以上的部位关节的力量加强，才能更有效地减少损伤的发生率。

第二，加强安全思想教育。排球训练首先要安全第一，要在安全的前提下进行训练，因此训练前思想教育是非常必要的，要让队员树立安全第一的观念，从思想上加强自我保护意识。教练要针对易致伤的动作给出一些应急方法。加强医务监督，做好受伤后的处理与恢复工作，防止过早投入训练，以免造成重复受伤。

第三，注重膳食搭配，营养结构合理。在排球运动训练中会消耗很大的体能，而且在紧密的训练计划中必须有足够的营养。从生理角度讲，当人体中最终能量物质——糖，消耗完后，功能系统会进一步分解蛋白以维持身体活动的需要，从而导致软骨组织变性，失去其应有的功能而促使损伤的概率增加，所以改善饮食结构也是预防运动损伤和提高运动成绩的主要因素之一。

第三节　排球运动常见运动型疾病的预防与处理

一、过度疲劳

（一）预防方法

（1）建立正确的生活节奏和锻炼节奏，合理安排生活，是消除疲劳的重要方法。

（2）合理营养是消除疲劳或提高抗疲劳能力的重要手段。

（3）心理学恢复手段是消除疲劳的重要方法。心理恢复主要是通过意念，以一定的暗示语进行导引，使肌肉放松，心里平静，从而调节自主神经系统的机能。

（4）睡眠是人体最好的休息方式，也是消除疲劳最有效的途径。

（5）物理疗法（按摩），可以促进血液循环，加速疲劳消除及机能的恢复。

（二）处理方式

疲劳时，注意补充能量和维生素，尤其是糖、维生素 C 及 B1。夏季或出汗较多时，应补充盐分与水。注意控制运动量，不可逞强。充分休息，让疲劳的机体得到放松。

二、运动中腹痛

（一）预防方法

（1）运动前做好充分的准备，使身体的各内脏器官能适应运动的需要。

（2）合理安排膳食，运动前避免吃得过饱和饮水过多；至少饭后1小时再进行运动，运动中不要饮用过冷的饮料。

（3）运动要循序渐进，逐渐增大运动量，运动中注意呼吸节律与动作配合。

（4）夏季运动或运动量过大时，要适当补充盐分。

（二）处理方式

一般情况下减缓速度、加深呼吸、按摩疼痛部位即可使症状减轻。情况严重时应停止运动，点按内关、足三里等穴位。

三、低血糖症

（一）预防方法

（1）在饭后30分钟以后运动。

（2）有注射胰岛素的需要时，不在大腿血液循环较快的部位注射，且应在注射后适量加餐，过一段时间后再进行运动。

（3）不宜空腹进行运动。

（二）处理方式

发生低血糖相关症状后，应立即停止运动，服用糖水或者糖果，严重者注射葡萄糖注射液。

四、肌肉痉挛

（一）预防方法

（1）在运动前充分进行准备活动，充分热身。不可突然进行剧烈的运动。

（2）在运动时及时补充电解质，预防出汗造成的电解质流失。

（3）根据身体状况有选择地进行运动，不可突然加强运动强度。

（二）处理方式

出现肌肉痉挛的现象时，立即停止运动进行休息。静态拉伸痉挛的肌肉、按摩痉挛的肌肉，或者选择冷敷缓解疼痛。

技能篇

JINENG PIAN

第四章　大学排球初级水平教学指南

第一节　排球运动技、战术概述

一、排球运动技术分类

排球基本技术是指在排球规则允许的条件下，运动员采用的各种合理的击球动作和为完成击球动作必不可少的其他配合动作的总称（见图4-1）。合理的击球动作指各种直接接触球的动作，如发球、垫球、传球、扣球、拦网等5项基本技术，又称有球技术。无球技术包括准备姿势、移动，是排球技术中最容易被人们忽视的两项基本技术，是配合完成各项击球动作的前提和基础，直接影响着击球动作的质量。

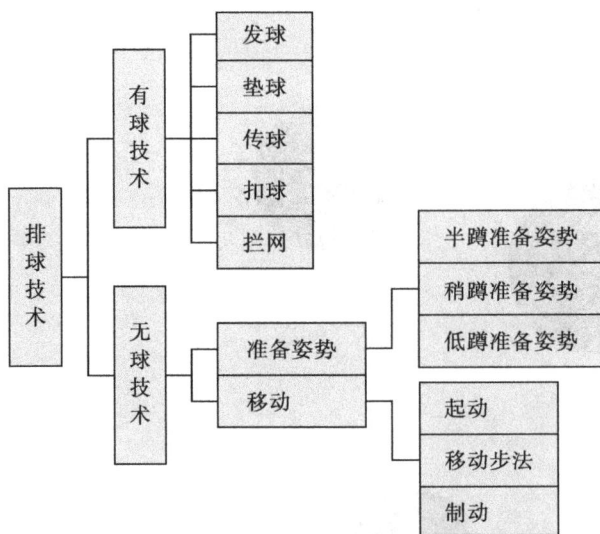

图 4-1　排球运动技术的分类

（一）有球技术

1. 发球

主要有正/侧面下手发球、正/侧面上手发球、上手大力发球、勾手大力发球、跳发大力球、上手飘球、勾手飘球、跳飘球。

2. 垫球

主要有正 / 侧面双手垫球，背面双手垫球，单手垫球，单、双手垫球，倒地垫球，翻滚垫球，前扑垫球，鱼跃垫球，其他部位垫球。

3. 传球

主要有正 / 侧面双手传球、背面双手传球、跳起传球、单手传球。

4. 扣球

主要有正面一般扣球、单脚起跳扣球。

5. 拦网

主要有单人拦网、双人拦网、三人拦网。

（二）无球技术

1. 准备姿势

有半蹲准备姿势、稍蹲准备姿势、低蹲准备姿势。

2. 移动

（1）起动：有原地起动、活动中起动。

（2）移动步法：有并步、滑步、跨步、跨跳步、交叉步、跑步、综合步。

（3）制动：有一步制动法、两步制动法。

二、排球运动战术分类

排球战术是指运动员在比赛中，合理运用基本技术进行集体配合所采取的有意识、有组织的行动，可以分为进攻战术和防守战术（见图 4-2）。

（一）进攻战术

1. 进攻战术形式

有"中一二"进攻战术、"边一二"进攻战术、"插上"进攻战术。

（二）进攻战术打法

1. 单人进攻战术打法

有快攻、平拉开、半高球、后排攻、调整攻。

2. 多人进攻战术打法

有平快进攻战术、跑动进攻战术、立体进攻战术、自我掩护进攻战术。

（三）防守战术

1. 接发球阵型

有三人接发球阵型、四人接发球阵型、五人接发球阵型。

2. 拦防扣球阵型

有"边跟进"防守阵型、"心跟进"防守阵型、"内撤"防守阵型、"双卡"防守阵型。

3. 接拦回球阵型

有"二二"阵型、"三一"阵型、"一三"阵型。

4. 防推吊球阵型

根据时机条件及来球性能的差异，采取不同的阵型。

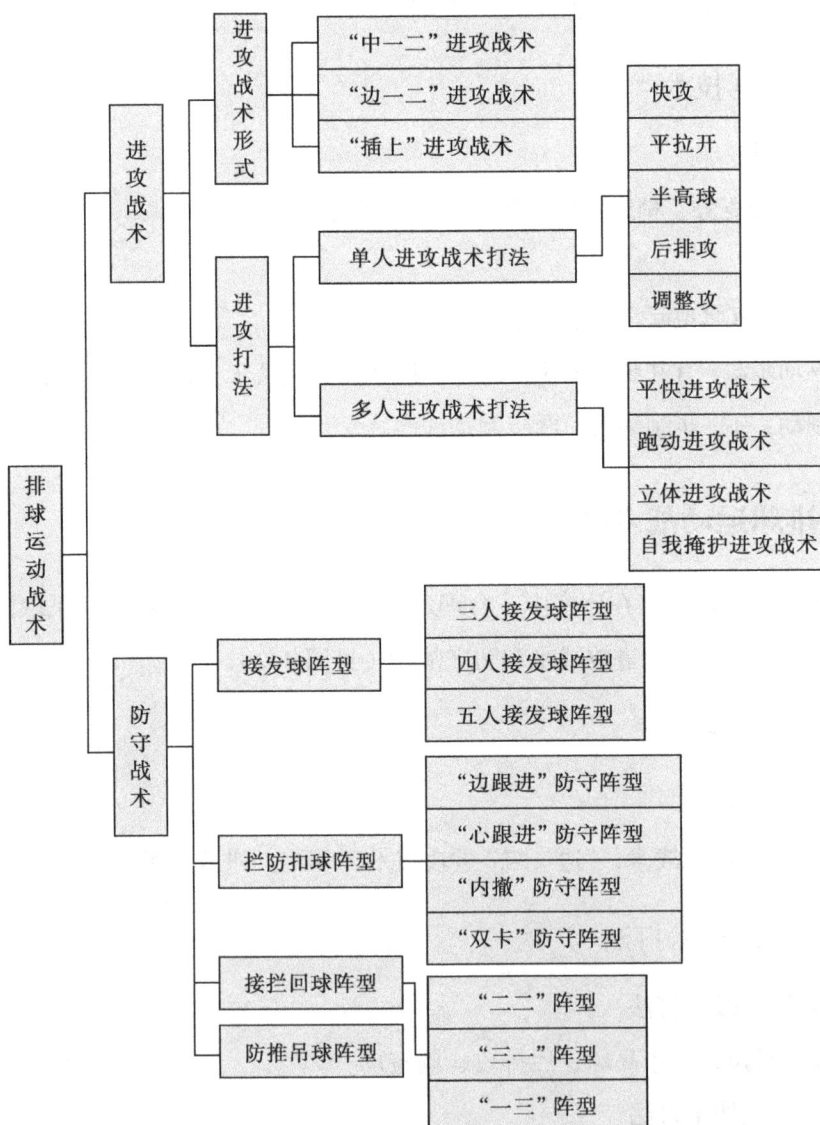

図 4-2 排球运动战术的分类

第二节 大学排球初级水平技术

一、准备姿势

准备姿势是指为了便于完成各种技术动作而采取的合理的身体姿势。合理的准备姿势是指既要使身体重心处于相对稳定的状态，又要便于起动和移动，及时做出相应的动作及完成各种击球动作，为迅速起动、快速移动及击球创造最好条件的姿势。按照身体重心的高低，准备姿势可分为半蹲准备姿势、稍蹲准备姿势和低蹲准备姿势3 种。

（一）动作要领

半蹲准备姿势技术要领：两脚左右开立略比肩宽，一脚稍靠前，两脚尖适当内收，脚跟稍提起，膝关节保持一定弯曲并稍内扣，上体前倾，重心靠前，腹部稍内收，靠后的腿膝的垂直线应落在脚尖前面，两臂放松，自然弯曲，双手置于胸腹之间，全身肌肉适当放松，两眼注视来球，两脚始终保持微动。

■ 半蹲

稍蹲准备姿势技术要领：两脚位置与姿势与半蹲准备姿势相同，身体重心较半蹲准备姿势稍高，屈肘程度较小。

■ 稍蹲

低蹲准备姿势技术要领：两脚左右前后的距离更宽，膝部弯曲的程度更大。低蹲准备姿势较半蹲准备姿势身体重心更低，且更靠前，肩部垂直线过膝，膝部垂直线超过脚尖。

■ 低蹲

（二）技术运用

半蹲准备姿势多用于接发球、拦网和各种传球（见图4-3）。稍蹲准备姿势一般用于扣球助跑之前，对方正在组织进攻不需要快速反应起动的时候（见图4-4）。低蹲准备姿势主要用于后排防守、进攻保护和拦网保护（见图4-5）。

图 4-3　半蹲准备姿势　　　　图 4-4　稍蹲准备姿势　　　　图 4-5　低蹲准备姿势

（三）练习方法

练习以半蹲准备姿势为主进行，以教师的手势作为发出信号指挥学生进行练习。

（1）学生站成两列横队，教师位于队伍前的示范位置，学生看着教师的手势，做准备姿势的练习（见图4-6）。

× × × × × × × × × × × ×

× × × × × × × × × × × ×

×

图 4-6　半蹲准备姿势队列

（2）前后两排面对面站立。一排先做准备姿势，另一排观察对面的人的练习动作，并指出其错误，相互进行纠正。两组轮换进行。

（3）两人一组互助练习，一人做准备姿势，另一人纠正其错误动作，两人交换进行。

（4）学生围成一圈慢跑，听或看到教师发出哨音或手势的信号后立即做好相应的各种准备姿势。

二、移动

移动是指从起动到制动的过程，是击好球的重要条件。移动的主要目的是尽量接近球，保持好人与球的位置关系，以便击球。无论是击任何球时，都必须要求面对来球方向，尽可能保持在身体前方适当的位置接球。

移动包括起动、移动步法和制动3个环节。移动步法包括并步与滑步、跨步与跨跳步、交叉步、跑步、综合步5种。

（一）动作要领

1. 起动

起动是移动的发力动作和开始动作。其动作要领是：在准备姿势状态下，收腹，上体前（侧）倾，使身体重心前（侧）移，重心降低，脚前（侧）移，身体向前（侧），抬腿，使身体失去平衡而前（侧）倾，以达到起动的目的。起动的主要动力来源于蹬地腿的肌肉爆发式的收缩，蹬地腿预先拉长的肌肉的爆发力越大，起动就越快。

2. 并步与滑步

并步与滑步是同一类动作。并步是指短距离脚步的并列移动，滑步是指连续的并步移动。其动作要领是：并步移动时，身体重心水平移动，向来球方向跨出一步，另一脚迅速、有力地蹬地，并跟上成准备姿势。当来球较远时，使用连续并步，即滑步移动（见图4-7）。

■ 并步

图 4-7 滑步移动

3. 跨步与跨跳步

跨步与跨跳步是同一类动作。跨步是指向来球方向跨出一大步的移动方法。跨跳步是指在跨步动作的基础上伴有跳跃的动作。其动作要领是：利用后腿蹬地力量，向来球方向跨出一大步，膝部弯曲，上体前倾，身体重心移至前腿上，后腿留在原处。在跨步的基础上，后脚向来球方向蹬离地面，有一个腾空阶段。前脚落地后迅速屈膝，后脚及时跟上，同时降低重心，上体前倾准备击球（见图4-8）。

■ 跨步与跨跳步

图 4-8 跨跳步

4. 交叉步

■交叉步

交叉步是指以腿部交叉的方法进行移动的技术动作。其动作要领是：上体稍倾向来球方向，远侧脚从近侧脚前面沿来球方向交叉迈出一步，近侧脚再向来球方向跨出一大步，同时身体转向来球方向成准备姿势（见图4-9）。

图4-9　交叉步

5. 跑步

跑步是指跑动击远距离球的技术动作。其动作要领是：当来球在侧方或后方，可侧身跑或边转身边跑。当来球是身后的高球，可后退跑。跑动时，重心平稳，两臂要配合摆动，不要过早做击球动作。跑动到位后，控制身体平衡，成准备姿势。

6. 制动

制动是移动的结果，也是击球动作的开始。在快速移动后，为了保持稳定的击球姿势，必须经过制动，克服身体移动的惯性，以便完成下一个击球动作。制动可分为一步制动法和两步制动法。其动作要领是：制动时，在移动最后跨出一大步。同时降低重心，膝部和脚尖适当内转，全脚掌横向蹬地，以抵制身体重心继续移动的惯性。以腰腹力量控制上体，使身体重心的垂直线停落在脚的支撑面以内。

（二）移动步法的技术运用

并步与滑步主要用于近距离移动，如拦网、传球、垫球等。同时，常与跨步或倒地击球等其他动作衔接使用。

跨步和跨跳步可以单独使用，当来球速度较快、弧度低、距离身体1米左右时运用较多。可以与滑步、交叉步、跑步的最后一步结合运用。

交叉步主要用于接在体侧2～3米的来球，或拦网队员和二传队员在前排移动时运用。

跑步主要用于接离身体较远且有一定高度的来球，常与跨步、倒地、起跳等动作衔接使用，并通过跨步、倒地、跳跃等动作帮其制动，使之能够完成击球动作。

（三）移动练习方法

（1）集体移动练习。学生排成两列或四列横队以半蹲准备姿势站立，按教师信号（手势或哨音）做前、后、左、右的一步或两步移动练习。

（2）从端线起以教师规定的步伐前进 6 米、后退 3 米，如此连接往返行进到场地的另一端线。

（3）两人面对面站立成稍蹲或半蹲准备姿势，由其中一人领做，向各种方向移动，另一人跟着做。

（4）两人一组，一人持球向前、后、左、右抛球，另一人不停地快速向各方向用低手或上手接球。球抛在距练习者 2～3 米的位置上。

（5）三人一组，平行站在端线处，做好半蹲或稍蹲准备姿势，看到信号后快速启动冲刺钻过球网。

（6）队形同上，采用坐、跪、卧等姿势，学生看到信号后快速启动冲刺，钻过球网。

（7）学生在中线与进攻线之间，用低蹲姿势进行左右滑步或交叉滑步来回移动，并用手摸中线和进攻线。

（8）学生在规定地点做好准备姿势，教师以抛球为信号，学生力争在球落地之前从球下钻过。抛球的高度应根据学生的移动距离及移动能力来确定。

（9）学生在教师面前站立。教师向任意方向抛球，学生根据抛球的方向迅速跑动，在球没有落地前接住或用传球、垫球等技术将球传到指定的位置。

（四）常见的错误动作与纠正方法

准备姿势与移动教学中常见的错误动作与纠正方法如表 4-1 所示。

表 4-1　准备姿势与移动教学中常见的错误动作与纠正方法

技术	错误动作	纠正方法
准备姿势	臀部后做全脚掌着地	重复示范，强调双膝投影线超脚尖
	上体前倾重心太高	要求两脚开立一些，多做低姿势动作加强腿部力量的练习
	两脚成外八字	强调原地微动状态准备，多做徒手练习和接抛球的移动练习

续表

技术	错误动作	纠正方法
移动	缺乏判断移动不及时	多做传、垫对方抛球的练习，多用视觉信号做起动练习
	身体重心起伏过大	多做徒手动作，做网下往返移动练习
	起动慢	多做各种姿势的起动练习，身体保持微动状态准备，看信号起动

三、发球

发球技术的分类如图 4-10 所示。

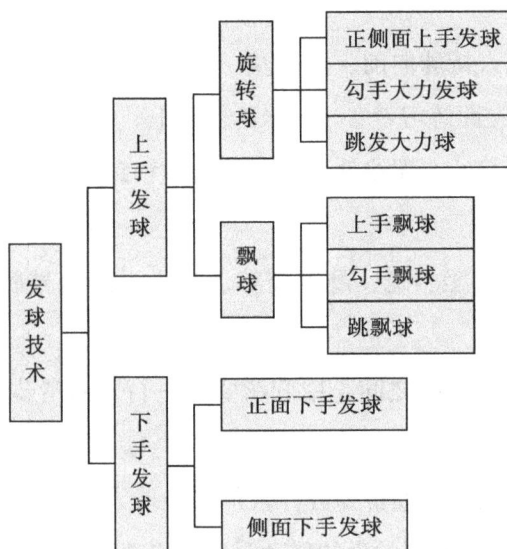

图 4-10　发球技术的分类

（一）发球的特点

发球是排球比赛的开始。发球是队员在发球区内由自己抛球，用一只手将球击入对方场区的一种击球方法。发球是排球技术中唯一不受他人因素的影响和制约的技术。

（二）下手发球动作要领

正面下手发球

左肩对球网，两脚左右开立，与肩同宽，两膝微屈，上体稍前倾，左手持球于腹前，将球垂直上抛约30厘米高，至身体的正前方，离身体一臂距离，同时，右臂摆至右侧后方抛球引臂后，利用右腿蹬地和向后左转的动作，带动右臂迅速前挥，在腹前用全掌或掌根击球后下方。击球后，身体应转至面向球网，并顺势入场（见图 4-11）。

图 4-11　下手发球动作

（三）比赛中发球技术的运用

发球尽量把球发给对方接球技术较差、连续失误、刚换上场或准备插上的队员。还可以把球发到对方两个队员之间的空隙或者发到对方后场或后场两角。

（四）发球练习方法

1. 徒手练习

学生根据教师要求的动作方法，按抛球、挥臂、击球顺序和节奏进行徒手模仿练习。

2. 击球练习

（1）击固定球。两人一组，一人手臂伸直持球置于腹前方，另一人选好位置按照教师的要求挥臂击固定球。体会挥臂击球、击球点的动作和手型。

（2）两人一组，分别站在端线两侧对发球，主要体会从抛球到击球的完整过程，不要求击球力量，注意技术动作的结构和抛击的协调配合。

（3）对墙或拦网发球。发球距离由近到远，体会抛球到摆臂击球的完整发球动作。

（4）近距离发球过网。距离由近到远，最后退到端线外发球过网。

（5）对网发球。两人一组，站在端线外对发。在开始阶段，重点要求学生的技术动作，而不要求发球的成功率，待技术成熟稳定后，再逐渐提出发球成功率的要求。

（6）分组进行发球比赛。根据学生人数将其分为若干组进行比赛，规定每人发球的次数，每个学生依次进行发球，根据发球的成功次数决定名次。

（7）将后场各分成两个区域，要求将球发至规定区域内，也可进行比赛（见图 4-12）。

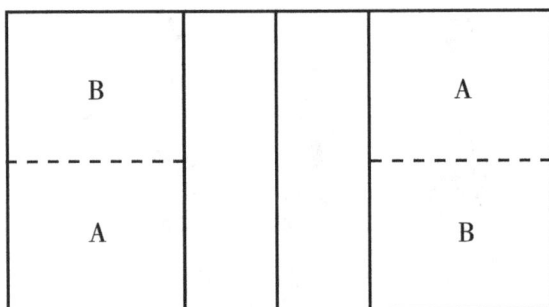

图 4-12　后场分区

（8）双方人数相等，按规定依次将球发到对方场地的 1～6 号位，每个人发 6 个球，最后计算成功次数以决定胜负（见图 4-13）。

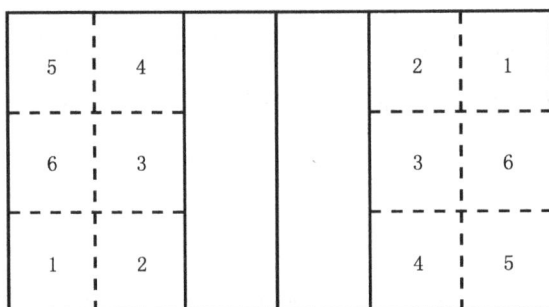

图 4-13　球场双方 1～6 号位置

（9）二对二、三对三发球与接发球对抗比赛，统计发球得分、破攻、一般及失误 4 项技术指标。

（五）常见的错误动作与纠正方法

发球教学中常见的错误动作与纠正方法如表 4-2 所示。

表 4-2　发球教学中常见的错误动作与纠正方法

技术	错误动作	纠正方法
下手发球	抛球太高，距身体太近	直臂抛球，掌心向上，距身一臂，多做专门性抛球练习
	上体前倾重心太高	多做徒手模仿动作，利用击固定球体会摆臂击球的时机
	两脚成外八字	讲清动作要领，做模仿动作练习，近距离对墙发球练习
	缺乏判断，移动不及时	要求徒手做直臂摆动，摆臂路线接近与地面平行，多做抛球练习

四、垫球

垫球技术的分类如图 4-14 所示。

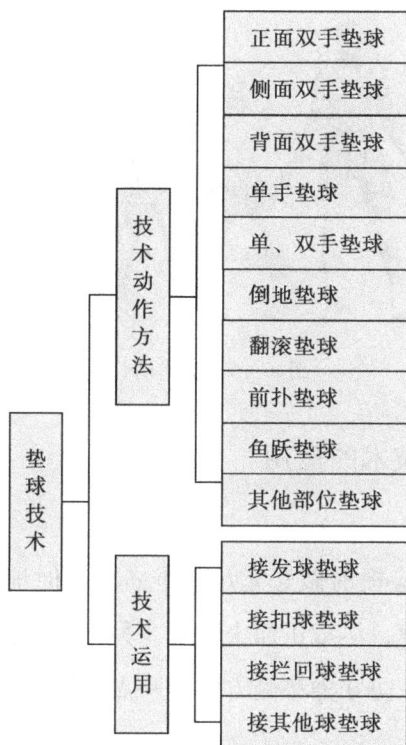

图 4-14　垫球技术的分类

（一）垫球的特点

垫球技术是在全身协调作用力的基础上，通过手臂的垫击动作，使来球从垫击面上反弹出去的一项排球基本技术，是接发球和后排防守的主要技术动作，是组织进攻和反攻战术的基础。

（二）正面双手垫球动作要领

移动对准来球后，双手在腹前垫击称为正面双手垫球，也是最基本的垫球方法。

看清来球的落点后，迅速移动到位，对正来球，成半蹲准备姿势。两手手指重叠后，合掌互握，两拇指平行，两手掌根靠紧，或两手腕部靠紧，两手自然放松，手腕下压，两臂外翻形成一个垫击平面。

■ 正面双手垫球

当球飞到距腹前一臂距离时，两臂夹紧前伸，插到球下，两腿向前上方蹬地，垫击球的后下部。身体重心随击球动作前移，控制出球的方向和落点。来球力量较小、速度较慢时，主要靠手臂上抬的力量来增加球的反弹力；如需垫出距离较远、弧度较高的球，还要靠蹬地、提肩动作的协调配合，抬臂送球动作幅度也要适当增大（见图 4-15）。

图 4-15　垫球动作

（三）比赛中垫球技术的运用

1. 接发球时

在对方发球的时候，应提前做好充足的准备，及时地做好预判，选择正确的接发球技术，脚步移动要迅速，尽量正面去击球。另外，站位的时候，不要站在你负责接球范围的正中间，可以往防守劣势侧方向偏一点，最大限度地发挥你接一传的控制范围。

2. 接扣球时

接重扣球时，不论运用何种垫球技术，都要注意运用好缓冲动作。接轻扣球或吊球时，在做好准备接重扣球的情况下，要迅速改变身体重心，运用各种倒地技术接球。接打拦网手的球时，无论球落在场内或场外，都要尽力去抢救，并迅速改变身体重心，灵活运用各种倒地、挡球和单手垫球等技术，把不规律的变向球垫好。

3. 保护进攻时

在前场区保护进攻时，一定要降低重心，上身直立，双手置于胸前，随时准备使用上手挡球、双手垫球和单手垫球等技术。在后场区保护时，重心可以高些，两脚放松站立，随时准备用各种技术接改变方向的球。

4. 垫入网球时

要垫好入网球，首先要判断准确球的入网部位，掌握其反弹的方向、角度和落点，采用正确的方法垫击。

（四）练习方法

（1）跟随教师集体做徒手模仿练习。学生面对教师站成两列或四列横队，根据教师的口令，集体徒手模仿练习，要求学生按照动作要领，做好两臂的插夹动作和运用身体的协调动作带动手臂的上抬，教师应巡视并及时纠正动作。

（2）两人一组，面对面站立，一人持球于对方的击球点处，另一人用正确的击球动作接球的后中下部（不把球击出），持球者可稍加压。

（3）自垫。每人一球，自己抛球后，连续向上自垫，高、低球结合，可进行原地与行进间自垫的结合练习。

（4）对墙连续垫球。垫球的高度和距墙的距离由教师根据学生学习情况而定。也可采用自垫一次再对墙垫一次的方法进行练习。

（5）两人一组，相距 3～5 米，一抛一垫。

（6）两人一组，相距 3～5 米对垫。

（7）两人一组，接对方抛过来的球时，先向上自垫再将球垫向对方，连续进行。体会向上和向前击球动作的不同点。

（8）移动垫球。两人一组，一人向另一人的两侧 1.5 米处抛球，另一人移动后正面将球垫向抛球者。

（9）三角垫球。三人一组，分别相距约 3 米成等边三角形站立，按顺时针或逆时针方向连续垫球时要求迎球后转体成正面将球垫向对方。

（10）三人一组移动垫球。两人相距 4 米左右固定站位，一人站在前面相距 3 米。两人连续向正前方抛球，一人左右移动连续垫球（见图 4-16）。

（11）移动垫球。四人以上一队，分为两组，垫完球后跑到对方组的后面（见图 4-17）。

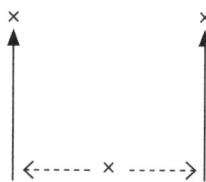

图 4-16　三人一组移动垫球练习　　　　图 4-17　四人以上移动垫球练习

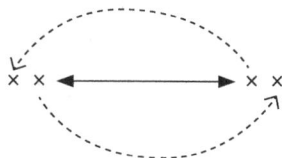

（12）两人一组，每组中一人在网前将球抛至中场，另一人从端线外向前移动垫球，垫球后再退出端线外。如此反复练习垫球（见图 4-18）。

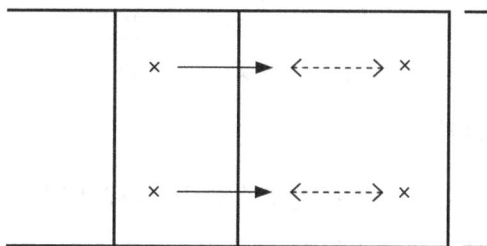

图 4-18　中场移动垫球练习

（五）常见的错误动作与纠正方法

垫球教学中常见的错误动作与纠正方法如表4-3所示。

表4-3　垫球教学中常见的错误动作与纠正方法

技术	错误动作	纠正方法
垫球	手型不正确，两臂不并拢，垫击面不平	徒手练习两臂夹紧动作，垫固定球，原地自垫
	移动不及时对不正来球	徒手做准备姿势身体前倾动作，多做各种步伐移动，移动后垫抛球
	身体动作不协调，抬臂动作过大	徒手模仿垫球协调动作，垫击固定球，对墙垫球
	垫球不抬臂，身体向上顶，耸肩或上体后仰	徒手模仿抬臂垫球的全身协调动作、两臂前插动作，穿过网下垫固定球，向前垫球过网练习

五、传球

传球技术的分类如图4-19所示。

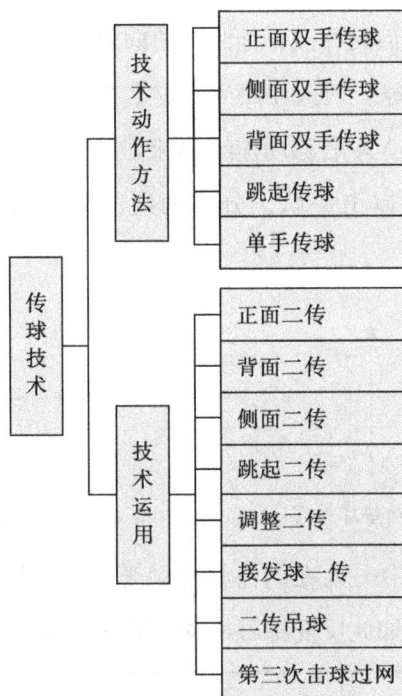

图4-19　传球技术的分类

（一）传球技术的特点

利用手指与手腕的弹力和身体其他相关部位的协调用力，将球传至一定目标的击球动作称为传球。传球时触球的面积大，手指、手腕既灵活又灵敏，因而易于掌握传出球的方向、速度、弧度和落点，准确性高，变化多。

（二）正面传球动作要领

正面传球是面对来球方向的传球动作，是传球中最基本的方法。当来球较高、速度较慢时，通常采用正面传球。因为击球时面对来球，所以容易掌握传球的方向、控制传球的落点，传球的准确性和稳定性高，手和身体其他相关部位的动作容易协调配合，是其他传球技术的基础。其动作由准备姿势、击球手型、击球部位、击球动作和击球后动作5个环节组成。

正面传球一般采用稍蹲的准备姿势。当判断来球的落点后，迅速移动接近来球，两膝微屈，抬头看球，全身放松，准备传球。

两肘适当分开自然下垂，两手间保持一定距离，在脸的前上方两手自然张开成抱球状，手腕稍后仰，两手的拇指、食指分别相对，且成三角形，小指向外。

以拇指的内侧、食指的全部和中指的第二、三节触球的后下部，并以无名指和小指在两侧辅助控制出球的方向。击球点在距额头约一球距离的前上方。

当来球接近额前时，传球手蹬地、伸膝，两手微张且经脸前向上方迎球。当手触及来球时，手部肌肉适度紧张，对来球的力量做适当缓冲，然后通过蹬地、伸膝、伸臂、伸肘的协调用力，以及手指、手腕的反弹力将球平稳地传出。将球传出后，传球手的身体随击球动作自然伸展，重心前移、提升、保持传球手型片刻，随即还原成准备姿势，以便准备下一个击球动作（见图4-20）。

图4-20　传球动作

（三）比赛中传球技术的运用

1. 接第一次来球

当各种来球较高、速度较慢时，或来球追胸时，可以运用传球技术击球，注意接速度较快的来球时，手指、手腕要适度紧张，主动迎球，双手同时触球。

2. 吊球和处理球

扣球时主动变扣为吊，用双手或单手传球技术吊入对方场地的空当，击球时要有加速动作，弧度要低。或者在第三次击球无法组织进攻时，用双手传球技术推入对方空当，此时的传球注意手指手腕紧张，加速伸臂，以增加过网的球速，给对方接球造成困难。

（四）练习方法

（1）在额前上方用正确手型做徒手传球动作。

（2）在额前上方用正确的手型将来球接住，自我检查手型和击球点是否正确。

（3）将球轻抛至额前上方后，用蹬地、伸膝伸臂，用手指、手腕弹击动作将球传向对方。

（4）两人一球，相距4～5米，一抛一传。

（5）两人一球对传，相距3～4米。

（6）一人抛球，另一人向前移动两步传球，或向左、向右移动两步传球。

（7）两人在网前相距3～4米，一人固定做顺网传球，一人先自传一次再给对方。

（8）三人一组成三角形传球，注意转体面向传球方向。

（9）三人一组，交换位置传球；也可一人固定，两人前后交换位置传球。

（10）四人四角传球，注意转体面向传球方向。

（11）3号位向4号位传高球，3号位向4号位传拉开球。

（五）常见的错误动作与纠正方法

传球教学中常见的错误动作与纠正方法如表4-4所示。

表4-4　传球教学中常见的错误动作与纠正方法

技术	错误动作	纠正方法
传球	手型不正确，大拇指朝前	一抛一接小实心球，检查手型；近距离对墙传球，检查击球动作和手型
	击球点过前、过高或偏后	击球点过前者多练自传，多做背传；过高者多向前传平弧度球；偏后者要求上体前倾传向前方拉开球
	上体后仰	上体前倾做徒手传球动作；每传一次球快速做体屈、双手摸地动作；教师击其臂，提醒体前倾
	两肘外张过大或紧张内夹	示范正确动作后，做模仿练习（两臂上抬和自然放下动作）
	身体用力不协调	讲解传球的用力方法，徒手模仿练习；教师可用手压住球，另一人做伸送动作练习

六、扣球

（一）扣球技术的特点

队员跳起在空中，用一只手或手臂将本方场区上空高于球网上沿的球击入对方场区的击球方法叫作扣球。扣球是排球技术中攻击性很强的基本技术之一，在比赛中占有重要地位。扣球是全队战术配合中的最后一个动作，是进攻中最积极、最有效的武器，是得分的主要手段，是一个队争取场上主动的重要途径及其攻击力强的表现，也是比赛中夺取胜利的关键。

（二）正面扣球动作要领

正面扣球是扣球技术动作中的一种基本方法。包括准备姿势、助跑、起跳、空中击球和落地5个相互衔接的部分。

扣球助跑前采用稍蹲姿势，两臂自然下垂，站在距网3米左右处，身体朝向来球方向，观察来球，做好向各个方向助跑起跳的准备。

助跑开始时，左脚先向前迈出一步，右脚再紧接着快速跨出一大步，左脚及时并上，踏在右脚之前，两脚尖稍向右转，两臂绕体侧向上引摆。

助跑中右脚跨出一步（即第二部）、左脚并上、踏地制动的同时，两臂于后积极向前摆动，且双腿蹬地起跳，带动双臂有力地向上摆动。

起跳后，挺胸展腹，上体稍向右转，右臂向后上方抬起，身体成反弓形。挥臂时，以迅速转体、收腹动作发力，以此带动肩、肘、腕各部位关节，向前上方成甩鞭动作。击球时，五指微张，以手掌心为主，全手掌包住球，在手臂伸直所达最高点的前上方击中球的后部，同时，主动用力屈腕、屈指向前推压，使扣出的球上旋。

落地时，以双脚的前脚掌先着地，进而再全脚掌着地，同时，顺势屈膝收腹，以缓冲下落的力量，立即做好下一个动作的准备（见图4-21）。

图4-21 扣球动作

（三）教学训练方法示例

1. 助跑起跳练习方法

（1）原地起跳。身体练习，由站立开始，屈膝下蹲同时两臂配合摆动，按教师口令循序蹬地起跳。

（2）一步助跑起跳。右脚跨出一大步的同时，左脚也紧跟上，两脚几乎同时着地和蹬地起跳。

（3）两步助跑起跳。左脚先迈出方向步，右脚跨出一大步并制动，左脚迅速跟上向前并步，落于右脚前蹬地起跳，同时两臂协调配合。助跑速度由慢到快，步幅由小到大，两步之间衔接紧密，动作连贯。

（4）从进攻线附近开始做向球网的两步助跑起跳练习。

（5）一步、两步、三步助跑起跳扣固定球练习。

（6）向前做最后一步跨步练习。

（7）向后做一步跨跳练习。

（8）向左或向右做最后一步跨跳练习。

（9）连续两步助跑起跳。学生成一路纵队慢跑，然后做两步助跑起跳，再慢跑，再起跳，如此连续反复进行。

（10）改变方向的助跑起跳。最后踏跳时脚尖和身体的方向要与原来的方向不同。

（11）从4号位开始助跑起跳后，迅速退回，手触及进攻线，再从3号位助跑起跳，退回到2号位，手触及进攻线，再助跑起跳。

2. 挥臂击球练习方法

（1）徒手做扣球挥臂击球动作练习。

（2）扣固定球：两人一组，一人双手持球于头上，另一人扣固定球（不将球击出）。

（3）面对墙面站立，手持一球，做正面扣球挥臂动作，将球击出。

（4）手持一垒球助跑起跳掷球过网。

（5）快速挥臂打一定高度的树叶。

（6）原地对墙自抛自扣原地起跳扣球。

（7）两人面对面站立相距6～7米，轮流原地自抛自扣。

（8）对墙连续扣球练习。

（9）网前原地起跳扣对方抛过来的"探头球"。

3. 完整扣球练习

（1）助跑起跳扣网前固定吊球。

（2）教师或学生站在网前高台上，单手托球，学生助跑起跳扣球，在学生击球的一刹那，教师及时撒手。

（3）扣从 3 号位抛向 4 号位的高球。

（4）结合二传扣一般高球。

（5）在网前自抛自扣过网。

（6）结合一传、二传进行 4 号位扣球。先练习扣斜线球后练习扣直线球。

（7）在 4 号位扣 3 号位抛来的一般高球，扣斜线与直线球。

（8）在 2 号位扣 3 号位抛来的一般高球，扣斜线与直线球。

（9）在 3 号位扣抛球，扣斜线球与转体球。

（10）在 4 号位或 2 号位三人一组连续轮流扣球。

（11）在 5 号位接从对方抛过来或发过来的球，将球垫给网前二传队员，然后助跑起跳扣球。

（12）网边固定二传队员，三人接对方发球后组织 4、3、2 号位的专位扣球。

（13）网边固定二传队员，2、4 号位各一扣球队员，1、5、6 号位三人接发球，组织 2、4 号位进攻，达到一定数量后，轮换位置。

（14）5 号位接抛过来或扣过来的球，1 号位做调整传球，5 号位防起后跑到 4 号位扣球。

（15）三对三防、调、扣对抗。

（16）四对四攻防练习。要求不准拦网和吊球到进攻线内，只扣远网球。

（17）六对六攻防练习。

（四）常见的错误动作与纠正方法

扣球教学中常见的错误动作与纠正方法如表 4-5 所示。

表 4-5 扣球教学中常见的错误动作与纠正方法

技术	错误动作	纠正方法
扣球	助跑动作过早或过迟	教师给予信号后起动，对墙或对网自抛自扣练习
	起跳点选择不好	做徒手助跑起跳练习，多做助跑起跳后击打高物（树叶）练习
	起跳后向前冲过大	徒手练习最后跨出一大步制动动作，助跑起跳击打定点球
	扣球时手臂未甩直	徒手挥臂击打树叶，降低网高，原地进行自抛自扣过网练习
	手掌包不住球	多扣打固定球，进行原地对墙扣球练习

七、拦网

（一）拦网技术的特点

运动员用腰部以上身体的任何部位，在球网附近且高于球网上沿的位置，阻拦过网的球，并触到球的技术称为拦网。

拦网是排球运动的基本技术之一，具有较强的攻击性。拦网可以直接拦死、拦回对方的扣球，削弱对方的锐气，动摇对方的信心，给对方造成心理上的压力。

（二）单人拦网的动作要领

拦网分为单人拦网和集体拦网两种形式，但二者的个人技术动作都是基本相同的，只是后者更注重相互之间的配合与协作。

为了及时对正来球，可用并步移动、交叉步移动、滑步移动及跑步等多种步法迅速移动到位，准备起跳。

单人拦网

起跳时，屈两膝，使中心降低，随即两脚用力蹬地。两臂以肩为轴，以大臂为半径，在体侧做屈臂小弧形摆动，两臂随之上举。身体充分伸展并向上腾起。

随着身体向上腾起，两手经由脸前伸直，两臂之间的距离应以不漏球为宜。两手掌伸展，五指自然张开，稍紧张。在拦击球时，向上提肩，手臂尽量上伸，两手手指紧张，拇指、小指尽量外伸，并且两手尽可能地抱住球，手腕下压，把球拦到对方场区内（见图 4-22）。

图 4-22　拦网动作

如已将球拦回，则可面对对方，屈膝缓冲，双脚落地。如未能拦到球，则在下落时就要随球转头。并以转头方向相反的一只脚先横过来落地，随即转身面向后场，准备接应来球或下一个动作。

（三）比赛中拦网技术的运用

1. 拦强攻

强攻扣球的特点是击球点高、力量大、线路变化多。比赛中一般采用双人或三人拦网对付强攻扣球。拦强攻时要慢起、高跳，充分发挥高度的优势，手尽量伸到对方上空，扩大有效的拦击面。

2. 拦快球

快球的特点是速度快、弧度低、击球点靠近球网。由于速度快，一般采用单人拦网。

拦网队员应该与扣球队员同时起跳或稍早些起跳。起跳后双手伸过球网接近球，使其无法改变扣球路线。

（四）练习方法

（1）原地起跳做拦网的徒手动作。

（2）两人隔网站立，一人双手持球于网上沿，另一人原地起跳拦固定球。

（3）两人隔网站立，做向左、右原地起跳拦网练习。

（4）两人隔网站立，一人做徒手扣球动作，另一人做原地起跳拦网练习。

（5）两人隔网在网前一端站立，做一次原地拦网后，两步移动到中间起跳在网上拍手后，再向网的另一端移动拦网。可往返重复多次。

（6）顺网由4号位向2、3号位做并步、交叉步或跑步移动起跳拦网。也可从2号位向4号位方向移动。

（7）进行拦网—后撤到进攻线—上步拦网练习，重复进行。

（8）在2、3、4号位网上40～50厘米高处各设置3个固定球，单人从2号位或4号位开始，向左或向右移动起跳双手捂盖球，轮流连续做。

（9）方法同上，两人面对隔网向同一方向移动起跳拦网。

（10）两人在中间3号位拦网后，各向两边移动，与2、4号位配合双人拦网，然后站在2、4号位；原2、4号位队员跑到队尾排队，轮流进行练习（见图4-23）。

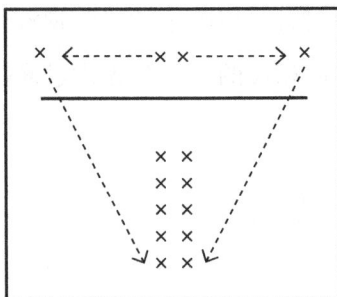

图 4-23　原地起跳与移动起跳练习

（五）常见的错误动作与纠正方法

拦网教学中常见的错误动作与纠正方法如表 4-6 所示。

表 4-6　拦网教学中常见的错误动作与纠正方法

技术	错误动作	纠正方法
单人拦网	起跳过早或过晚	反复讲清正确的起跳时间，教师给予起跳信号，深蹲慢跳或浅蹲快跳
	拦网时两臂有向下压的动作	正误动作对比示范，在网边反复做原地提肩压腕动作，在矮网进行一扣一拦练习
	漏球	示范两臂夹紧头部的动作和人与球网应保持的距离；网前徒手移动起跳伸臂后不急于收臂，待落地时检查
	身体前扑或前冲踏线	网前移动、制动、起跳徒手练习；强调垂直上跳；原地徒手做空中含胸、微微收腹动作

第五章　大学排球中级水平教学指南

第一节　大学排球中级水平技术

一、发球

（一）正面上手发球

这种发球动作要求运动员面对球网站立，故便于观察对方，发球的准确性大，落地易于控制，并能充分利用转体、收腹动作带动手臂加速挥动，以便利用手腕的推压动作，加大击球的力量和速度。

■ 正面上手发球

1. 准备姿势

面对球网，两脚自然开立，左脚在前，左手持球于体前。

2. 抛球

用手掌平托球，抬臂将球平稳地垂直上抛适当的高度，至右肩的前上方。

3. 挥臂击球

在左手抛球的同时，抬起右臂，屈肘后引至肘与肩平，上体稍向后转动，而后蹬地，上体向左转动，同时收腹，从而带动手臂挥动，并在右肩上方伸直手臂，手指自然张开，与球相吻合，用全手掌或掌根击球的中下部。击球时，手腕若能迅速、主动地做推压动作，就会使击出的球上旋飞行。击球后，随着重心前移，迅速进场。

4. 击球手法

击球的手法有以下几种。

（1）拳心击球：这种手法适合力量小者。击球手握拳并使手腕保持紧张固定，挥臂加速用力，用拳心击准球。

（2）掌跟击球：手臂在击球前做直线运动，击球时五指并拢，手腕保持紧张固定，用力突然、短促，并通过球的重心，使发出的球不旋转，产生飘晃。

（3）全手掌击球：手臂作弧形挥动，击球时五指张开，全手掌包满球并主动屈腕，使发出的球上旋。

正面上手发球正面、侧面动作如图 5-1、图 5-2 所示。

图 5-1　正面上手发球正面示意　　　　图 5-2　正面上手发球侧面示意

（二）正面上手大力发球

正面上手大力发球是利用转体、收腹带动手臂加速挥击，同时利用手腕的推压动作，使得发出的球向前旋转飞行的发球方法。这种发球需要较强的腰腹力量，更适合男生学习。

1．准备姿势及取位

面对球网站立，两脚自然开立，左脚在前，左手持球于体前。

2．抛球

左手将球平稳地垂直抛于右肩的前上方，高度适中，抛球的同时，右臂抬起，并屈肘后引，肘与肩平行，手掌自然张开，上体稍向右侧转动，抬头、挺胸、展腹、身体重心移至右脚。

3．挥臂击球

击球时，利用蹬地上体向左转动，迅速收腹带动手臂向前上方挥动，直至伸直手臂在右肩前上方的最高点，将力量作用在球上。发力顺序是：腰带肩—肩带上臂—上臂带前臂—前臂带手腕—手腕传递到手。击球后，随重心前移，迅速进场比赛。

4．击球手法

用全手掌击球的中下部。击球时，手指自然张开吻合球，手腕迅速、主动做推压动作，使击出的球呈现上旋飞行（见图 5-3）。

图 5-3　正面上手大力发球动作

（三）上手飘球

这种发球不旋转，但球不规则地向前飘晃飞行，使接发球队员难以判断球的飞行路线和落点。这种发球由于队员面对球网站立，便于观察对方，控制发球方向。上手发飘球的成功率高、攻击性强，在各种水平的比赛中被普遍采用。

1．准备姿势及取位

准备姿势同正面上手大力发球。选择发球的线路及落点，线路及落点的选择是保证飘球攻击性的关键因素，效果好的飘球是发球者在观察对方站位后，能够按照其意图将高质量的球准确地发到指定区域内。

2．抛球

左手掌平稳而准确地将球抛在体前右肩前上方，比正面上手大力发球的抛球高度稍低、靠前，且不旋转。

3．挥臂击球

抛球的同时，右臂抬起，屈肘后引，肘略高于肩，上体稍后展。当抛出的球到达适当的击球位置后，充分利用收腹力量带动手臂猛烈挥动来击球，挥臂的最后阶段呈直线，在右肩前上方，以掌根坚硬平面击球的后中下部，使作用力通过球体重心，且使球不旋转地向前飞行。击球后，迅速入场比赛。

4．击球手法

五指并拢，手腕稍后仰并保持一定的紧张。击球瞬间，手指、手腕固定，不加推压动作。用掌根部位击球，击球后，手臂要有突停动作。

击球时手臂做迅速下拖的动作，可能使球产生下沉的现象；手臂突停用力，可能使球产生左右飘动的现象；手臂继续向前用力，可能使球继续前行，产生追胸的现象。

二、垫球

（一）体侧垫球

■ 侧面双手垫球

当来球飞在体侧，来不及移动对准来球时，可用双臂在体侧进行垫击。例如，球向左侧飞来，右脚前脚掌内侧蹬地，左脚向左跨出一步，重心随即移至左脚上，左膝弯曲，同时，两臂夹紧向左侧伸出，右肩微向下倾斜，用向右转腰和收腹的动作，配合两臂自左后方向前截住球飞行的路线，用两前臂垫击球的后下部（见图5-4）。切忌随球向左侧摆臂击球，这样会造成球飞向侧方。

图 5-4　体侧垫球动作

（二）背面双手垫球

■ 背面双手垫球

背对着垫出方向，从体前向背后垫球称为背面双手垫球，简称背垫球。一般用于一传失控后的调整球或第三次击球被动进攻，击球过网。

背垫球时，要判断来球的飞行方向，迅速移动到球的落点上，背对出球方向，两臂夹紧伸直，击球点最好高于肩。击球时，要抬头挺胸，展腹后仰，直臂向上方摆动抬球。在背垫低球时，可用屈肘、翘腕的动作，以虎口处将球向后上方垫起（见图5-5）。

图 5-5　背垫球动作

（三）单手垫球

在比赛中，来不及用双手垫球时可采用单手垫球，以扩大控制范围。不足之处是触球面小，控球能力差，应在确实无法用双手垫球的情况下采用。

当来球飞向左侧较远处时，迅速跑步接近球，然后左脚跨出一大步，上体向左倾斜，左臂伸直，自左后方向前摆动，用前臂内侧、掌根或虎口处垫击球的后下部。

三、传球

（一）背面传球

背面传球即背对来球方向的传球动作，简称背传。背传主要用于二传的组织进攻。其技术要点如下。

上体正直或稍后仰，身体重心在两脚之间。双手上举，掌心稍向上，手腕稍后仰。击球点保持在额前上方，触球时的手型与正面传球时的手型相同。利用蹬地、上体后仰、挺胸、展腹、抬臂的协调用力及手腕、手指的弹力，将球向身体后上方送出。击球时，拇指应及时用力，以控制球传出后的落点（见图5-6）。

■ 背面双手传球

图 5-6　背面传球动作

（二）调整传球

将一传和防守未接到位，且距离球网较远的球传至网前便于进攻队员扣球的位置和高度上，称为调整传球。调整传球时应充分利用蹬地、伸臂、手指、手腕的紧张用力等全身协调力量将球传出。调整传球应根据来球的方位和扣球人的位置来确定传球的方向、弧度和距离。传球目标越远，传球的弧度应越高。调整传球不宜太拉长，以便于扣球队员观察和上步扣球。一般情况下，传球路线与球网的夹角越小越易于扣球。

（三）跳起单手传球

跳起单手传球运用在来球较高且靠后，或二传队员在网前对一传来球高而冲网，跳起后又无法运用双手二传时，运用单手二传。跳起单手传球，在空中最高点时，单手臂的肘部屈曲上举，手腕后仰，掌心向上，五指适当收拢，构成一个小的半圆形手型，用伸肘动作及手指、手腕用力一"点"即可。如需要跳起单手传高球时，上臂要适当下降，以增加上抬和伸臂的距离，手指、手腕的紧张程度也应大一些。

■▶ 跳起单手传球

四、扣球

（一）快球技术

快球是我国的传统打法，是扣球队员在二传队员传球出手的同时起跳，并迅速把二传队员传来的球击入对方场区的一种扣球方法。以近体快球为例，扣球队员在二传队员体前、体侧约 50 厘米处扣的快球，统称为近体快球。这种快球距离二传最近，因而速度快、节奏快，有实扣效果和掩护作用。

扣近体快球时，要随一传的球同时助跑到网前，助跑的角度一般与网成 45 度左右。二传队员传球出手的同时，扣球队员应在二传队员体前近网处迅速起跳。紧接着快速挥臂，将刚刚传出网口的球立即扣过网去。击球时，利用含胸、收腹的动作带动前臂和手腕的迅速挥甩，以全手掌击球的后上部。

（二）调整扣球技术

扣从后场经调整传到网前的球称为调整扣球，是各种扣球技术的综合运用。

扣球技术是排球基本技术中种类较多，也是最为复杂的一项基本技术。因此，一定要认真掌握动作要领，在教练和教师的帮助下练习，效果较好。

五、集体拦网

集体拦网除了上述个人拦网技术的要求外，应着重注意互相协作配合。集体拦网可分为双人拦网和三人拦网两种。

（一）双人拦网

双人拦网是集体拦网的主要形式。双人拦网主要由2、3号位队员或3、4号位队员组成。根据对方不同的进攻位置，每个拦网队员的具体分工也不同。当对方从4号位组成拉开进攻阵型时，应以本方2号位为主，3号位队员位移靠拢，协同配合，组成双人拦网阵型。如果球较集中，则应以3号位队员为主，2号位队员进行配合拦网。当对方从3号位进攻时，一般应以本方3号位队员为主，4号位队员协同配合。拦对方从2号位的进攻时，则应以本方4号位队员为主，3号位队员进攻协同配合拦网（见图5-7）。

图5-7 双人拦网动作

（二）三人拦网

三人拦网，多在对方进行高点强攻的情况下运用。在组成三人拦网时，不论对方从哪个位置进攻，都应以本方3号位队员为主拦者，两侧队员主动配合，集体起跳拦网。

六、挡球

在排球比赛中，当来球较高、速度较快，不便采用传球或垫球技术时，可采用单手或双手在胸部或肩部以上挡击来球的技术，称为挡球。挡球主要有双手挡球和单手挡球两种，主要运用在防守胸部以上力量较大、速度较快的来球上。运用挡球可扩大击球的控制范围，但不易控制球的方向。

（一）双手挡球

多用于挡击胸部以上力量大、速度快的来球。双手挡球的手型有：抱拳式和并掌式。抱拳式的手法是：两肘屈曲，一手半握拳，另一手外抱，两掌外侧朝前。并掌式的手法是：两肘屈曲，两虎口交叉，两掌外侧朝前，合并成勺形（见图5-8、图5-9）。

图5-8　双手挡球动作

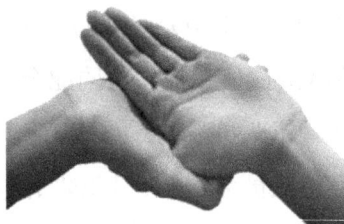

图5-9　双手挡球手型

双手挡球时无论使用哪种手法，两肘都必须弯曲，肘关节朝前，手腕后仰，用掌外侧和掌跟组成的平面击球的后下部。击球点在脸前或两肩上，击球时手腕应保持一定的紧张，用力适度。

（二）单手挡球

主要用于来球较高、力量较轻、在头上方或侧上方的球。单手挡球的方法有：掌跟击球和掌心击球，掌跟击球时手张开，手腕后仰，手指自然弯曲，用掌跟平面击球；运用掌心击球时，击球手掌虚握拳，用拳的平面击球。

不管使用哪种手型挡球，击球瞬间手腕要紧张、后仰，用力适度，使击球平面朝前上方，对准球的后下部击球。如来球较高时，还可采用跳起挡球（见图5-10、图5-11）。

图5-10　单手挡球动作

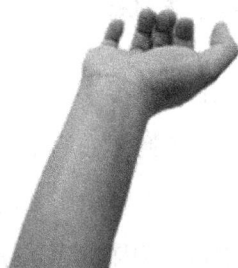

图5-11　单手挡球手型

七、脚击球

脚击球主要用于挡来球远而低、突然变化、时间短促，无法用其他垫球技术来击球时的情况，属应急性技术动作。由于排球球体较软，能够较好地与地面吻合，因此，脚击球技术在排球比赛中不失为一种实用的技术。脚击球主要有脚背和脚内侧击球两种。

（一）脚背击球

脚背击球就是利用脚背的正面去击球的技术。动作方法是：以一脚为支撑，另一脚迅速向来球方向伸去，利用伸大腿、摆小腿的动作，使脚背插入球下。击球时，利用小腿继续上摆、脚踝上挑的动作，以脚背的上部触球的下部或侧下部将球垫起。脚背击球后，若身体失去平衡，可采用侧倒坐地或后倒坐地等进行自我保护（见图5-12）。

■◀ 脚背击球

图 5-12　脚背击球

（二）脚内侧击球

脚内侧击球就是利用脚弓内侧去击球的技术。动作方法与脚背击球相似，但在击球时，脚尖要上翘，脚踝紧张，以脚内侧部位击球的后下部（见图5-13）。

图 5-13　脚内侧击球

第二节　排球比赛阵容配备

排球战术是指运动员在比赛中，合理运用基本技术进行集体配合所采取的有意识、有组织的行动，可以分为进攻战术和防守战术等。

一、阵容配备的概念

阵容配备是指比赛队伍所确定的出场人员、位置和分工的基本情况。根据比赛的任务、本队战术组织的特点及队员的身体情况，有针对性地、合理地将全队的力量有效地组织起来，扬长避短，从而最大限度地发挥每一个队员的作用和特长。按二传与攻手数量分配，主要有"三三"配备、"四二"配备与"五一"配备之分；按分工与位置关系可以有"主—二—副"或"主—副—二"阵容配备等。

二、场上队员的职能分工

在现代排球比赛中，场上每个队员的职能分工是不同的。根据比赛中每个队员的职能分工，将场上队员划分为二传、自由人、主攻、副攻和接应。主攻、副攻和接应可称为攻手。每一名队员都要尽可能地做到技术全面，职能分工主要体现在以下方面。

（一）二传

在进攻战术中以传球的方式组织场上进攻队员的扣球进攻。二传队员是全队进攻战术的组织核心，比赛中本队每一次扣球进攻的进攻队员、进攻区域与进攻形式均由二传队员根据临场情况做出选择。一个优秀的二传队员对本队的进攻效率和比赛胜负起着至关重要的作用。

（二）自由人

在防守战术中自由人专司接发球和后排防守。其上下场之间只需经过一次发球的比赛过程。换人不计入正规换人次数，且次数不限。因此，选择接发球和后排防守技术好的队员充当自由人，能大大提高本队的防守水平。

（三）主攻

在防守战术中主要承担网前中间拦网重任，在进攻战术中通过快球战术跑动进攻或掩护其他攻手进攻。

96

（四）副攻

在进攻战术中主攻通过强攻手段突破对方拦防得分。在防守战术中承接了很多的接发球与防守任务，要求其技术更为全面。

（五）接应

接应在进攻战术中承担最重要的进攻任务，进攻主要从场地右侧发动。接应也叫接应二传，早先在二传无法传球时该队员需要承担组织战术的任务，因而得名。

三、阵容配备的主要形式

（一）"三三"配备

"三三"配备适合初学者采用，是由三名进攻队员与三名二传队员间隔站位组成的阵容，每个轮次前后排都保持有 1 ～ 2 名进攻队员和二传队员（见图 5-14）。

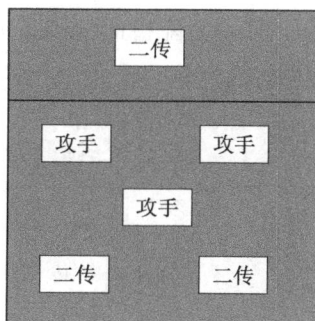

图 5-14 "三三"配备

（二）"四二"配备

"四二"配备是由两名二传队员、四名进攻队员组成的阵容。其中四名进攻队员中又分两名主攻手、两名副攻手（见图 5-15）。

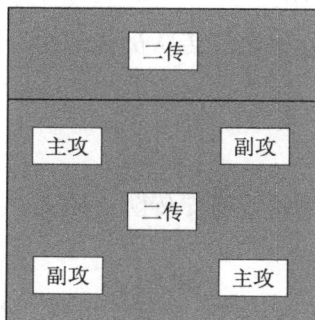

图 5-15 "四二"配备

1. "四二"配备的优点

（1）每一轮次前排都能保持有一名二传队员和两名进攻队员，便于组织进攻，能充分发挥本队的攻击力量。

（2）如果两名二传队员也具有攻击能力，每轮次都可以由后排二传队员插上传球，形成三点进攻，加强了进攻的威力，战术变化就更多。

2. "四二"配备的缺点

（1）每个进攻队员必须熟悉两个二传队员的传球特点，配合要求比较高。

（2）一个队要培养两名高水平的二传队员不是很容易，如果还要求他们具有进攻能力也有一定的难度。

（三）"五一"配备

"五一"配备是由一名二传队员、五名进攻队员组成的阵容（见图5-16）。为了弥补有时二传队员来不及传球所出现的被动局面，通常在二传队员的对角位置上，配备一名有进攻能力的接应二传队员。"五一"配备适于较高水平的球队。

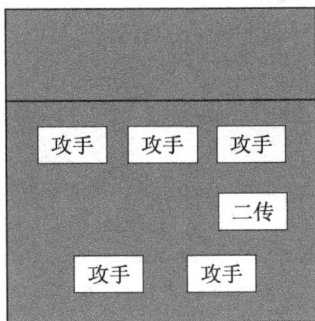

图5-16 "五一"配备

1. "五一"配备的优点

（1）一个队着重培养一名二传队员相对容易。

（2）二传队员在后排时，前排三个都是进攻队员，可以加强进攻和拦网的力量。

（3）全队进攻队员只需适应一名二传队员传球的习惯、特点，容易建立默契，有利于全队配合。

2. "五一"配备的缺点

（1）二传队员在前排时，后排没有二传队员插上，有三轮只能两点进攻，进攻点变化不多。

（2）防反时，二传队员如果在后排，要插上传球，增加了组织反击的难度。

四、配备阵容应注意的问题

第一，根据每个队员的技术水平和身体素质，合理安排其在阵容中的位置。把防守技术好的和进攻力量强的队员合理搭配，使每一轮次都有较好的防守能力和较强的进攻能力。

第二，根据战术的需要和队员之间的配合默契程度，把平时配合较好的进攻队员和二传队员安排在相邻的位置上，进行最佳搭配，以便充分配合，发挥最大的进攻能力。

第三，开始比赛时，首轮扣球好的主攻手一般站在最有利的 4 号位位置上，防守好的队员应先站在后排。发球权在对方时，发球好的队员可站在 2 号位。

第四，两名一传较差的队员要交叉站位，尽可能不要安排在相邻的位置上，避免形成防守的薄弱区域。

第三节　排球比赛位置交换

在规则允许的条件下，场上的队员在发球后可以采用任意交换位置的方法，变化阵容。但后排队员不宜在前排进攻、拦网。为了便于发挥每个队员的特长，通常采用发球后队员交换位置进行专位进攻和专位防守的方式。这样有利于集中训练，让队员更快地掌握实用技术。但缺点是容易造成队员技术不够全面。

一、位置交换的方法

（一）后排二传插上

采用"五一"配备时，二传轮换到后排，可以采用后排二传插上的方法，使得前排三名进攻队员都可以参与进攻，这是排球比赛中交换位置最常见的方法之一（见图 5-17）。

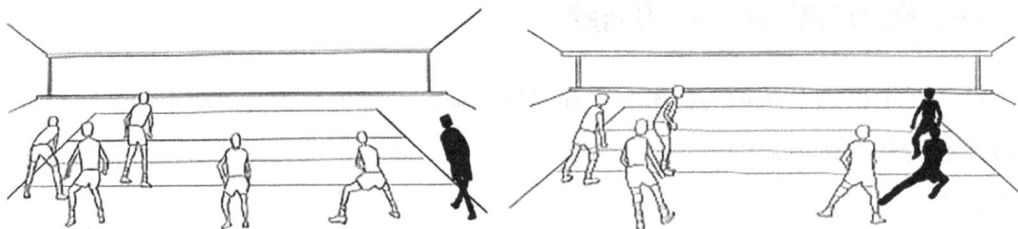

图 5-17　后排二传插上位置移动示意

（二）前排拦网队员的位置交换

换位的规律是将在前排的主攻队员换到 4 号位，将拦网好、移动快、连续起跳能力强的副攻队员换到 3 号位，二传队员换到 2 号位。为了加强拦网，抑制对方的重点进攻，将身材高大或弹跳力好及拦网能力强的队员换到 3 号位，或换到与对方主攻队员相对应的位置上（见图 5-18）。

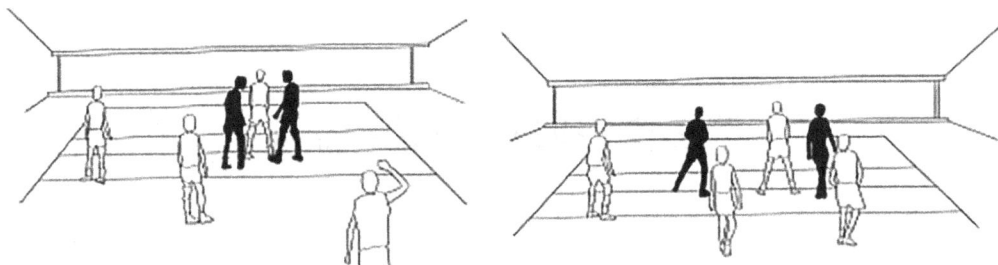

图 5-18　前排拦网队员位置交换移动示意

（三）后排防守队员的位置交换

二传队员与接应换到 1 号位，便于防反时插上组织传球与进攻。为了加强后排进攻，增强"立体进攻"的效果，可将后排进攻能力强的队员换到 1、6 号位。为了发挥个人特长，后排队员可各自换到自己熟悉的防守区进行专位防守。

根据临场情况，可将防守能力强的队员（如自由人）换到防守任务较重的区域，将防守能力弱的队员换到防守任务较轻的区域（见图 5-19）。

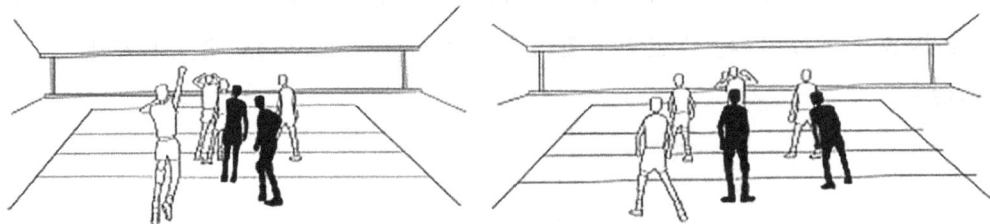

图 5-19　后排防守队员的位置交换移动示意

二、换位时的注意事项

第一，换位前应按规则的要求站位，防止"位置错误"犯规。

第二，当发球队员击球后，应力求迅速地换到预定的位置做好击球的准备。

第三，对方发球时，应先准备接起对方的发球，然后再换位，以免影响接发球。

第四，成死球后，应立即回原位。尤其对方发球时，回位晚会来不及做好接发球准备，从而被对方利用。

排球规则允许在发球击球后的比赛中，场上队员可以根据需要进行位置交换，以最大限度地发挥每个队员的特长。

第六章　大学排球高级水平教学指南

第一节　大学排球个人进攻技术及运用

单人进攻战术是指在防对方来球后，二传队员与一名攻手之间进行的传扣配合的组织形式。在接起对方发过来、扣过来、拦回来和推吊过来的球后，单人进攻战术可以分快攻、平拉开、半高球、后排攻和调整攻五大类。

一、快攻

目前单人进攻战术中快攻是最丰富的单人进攻战术，常见于副攻与二传的配合。主要点是传与扣之间时间短，约在 0.3 ～ 0.5 秒之间。根据攻手与二传的位置关系大致可分前快球、短平快球、背快球 3 种。长平球、拉三球、前飞球、背（溜）飞球等是在此基础上进一步变化的快战术。最常见的是前快球、短平快球和背快球。

（一）扣近体快球

（1）前快球：二传体前扣球，随着一传来球开始助跑，二传出手时起跳，空中用近网扣球手法。

（2）短平快球：一般指二传正面传出速度快、弧度平的球的同时，扣球手在距其 2 米左右处跳起，将臂平击二传平拉过来的球。可根据战术需要，利用球网位置，提前或错后击球。

（3）背快球：在二传身后扣球，上步时机和起跳时机同前快球，用近网扣球手法。从 3 号位助跑时在二传身边起跳；从 2 号位助跑时，贴近二传起跳。

（二）空间差快攻战术

（1）长平球：扣球队员在二传体前 2 米以上距离扣二传传的平快球。

（2）拉三球：拉三球是指在前快位起跳，身体左前飞行至短平快位置击球。

102

（3）前飞球：前飞球是指在短平快球位置起跳后，身体右前飞行至前快球位置击球。

（4）背（溜）飞球：背（溜）飞球是指比背快球长 50 厘米左右击球。

（三）快攻战术的特点与技术要领

快攻战术的特点就是传球出手到扣球之间的时间短，时间在 0.35 ～ 0.50 秒之间，是一种利用对方拦网起跳不及时而进攻的战术打法。根据传攻之间的配合默契程度及扣球时间长短可分为以下两级。

（1）球到二传手上后，攻手起跳扣球。

（2）球到二传手上后，攻手已经完成起跳，在空中形成扣球前状态，二传一出手就扣球。

二、平拉开

目前平拉开进攻战术是主攻及接应最常用的个人战术之一。主要包括 4 号位平拉开（简称平四）、2 号位平拉开（简称平二）。

（一）扣低平球

（1）短平快球：在二传身前 2 ～ 3 米处起跳扣球，用近网扣球手法，随一传球上步，二传出手时起跳，起跳时身体右转，面对二传，截住二传球，快速挥臂击球。

（2）背平快球：在二传身后 2 ～ 3 米处起跳扣球，用 2 号位近网扣球手法，上步时机和起跳时机同短平快球。

（3）平拉开球：在 4 号位扣低平球。二传出手时开始助跑上步，迅速起跳扣球，用近网扣球的手法完成扣球。

（4）长平球：长平球比短平快球还要拉开 50 厘米左右。

（二）平拉开战术的特点与技术要领

平拉开战术的特点就是攻手与二传的距离远于快球，主要目的是造成对手拦网移动不及时，利用网长打击对手。按平拉开进攻从传到扣球时间的快慢可以分为两级，以球到二传手时，扣球手最后一步助跑起跳为标志，可以分为两种情况。

（1）球到二传手上时，扣球手（以右手为例）的左脚已经着地，准备右脚蹬地向前迈步，进行最后一步助跑起跳。

（2）球到二传手上时，扣球手（以右手为例）的左脚着地后已经开始蹬地，右脚向前迈出，开始最后一步助跑起跳。

三、半高球

（一）半高球的类型

半高球是介于快攻与平拉开战术两者之间的单人进攻战术，从特点上看传球的高度略高于快球，约在球网上 2 米。击球点与二传的距离短于平拉开进攻，在二传平网距离 3 米以内。根据二传传球及攻手扣球时的相互位置可分为前半高球、中半高球与背半高球三大类（见图 6-1）。

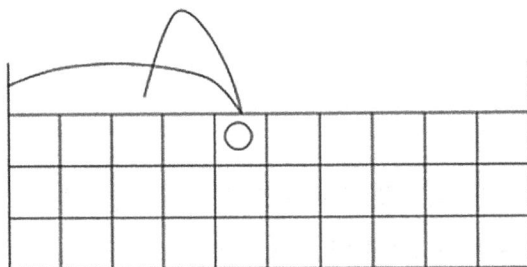

（1）前半高球与 4 号位平拉开

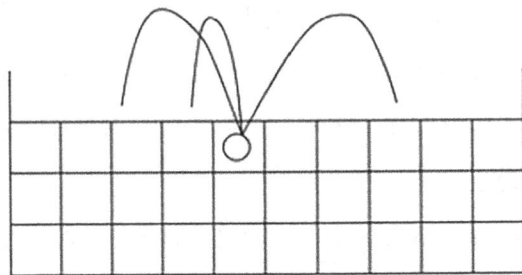

（2）中半高球与前半高球、背半高球

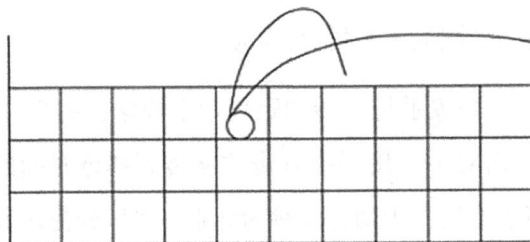

（3）背半高球与 2 号位平拉开

图 6-1　半高球的 3 种类型

（二）半高球战术的特点与技术要领

半高球战术的特点在于距离短于平拉开进攻，弧度高于快攻，主要利用了攻手上步跑线的变化，在对方拦网移动或拦网起跳不及时的情况下，打击对手。可以理解为利用传球弧度较高时的空间差，主攻或接应起跳平飞打击对方的拦网的薄弱环节。以球到二传手时，扣球手最后一步助跑起跳为标志，可以分为以下两种情况。

（1）球到二传手上时，扣球手（以右手为例）的左脚已经着地，准备右脚蹬地向前迈步，进行最后一步助跑起跳。

（2）球到二传手上时，扣球手（以右手为例）的左脚着地后已经开始蹬地，右脚向前迈出，开始最后一步助跑起跳。

四、后排攻

前面的3种单人进攻战术是由前排队员与二传进行的传攻配合，后排攻战术则是由后排攻手与二传进行的类似于平拉开和半高球节奏与弧度的传攻配合。目前，按后排攻的位置可分为后四、后二、前后三、中后三、背后三战术进攻5种。通常，后四战术和后二战术与平拉开相近，前后三、中后三和背后三战术与半高球相近，只是传球后的出球落点要离网远一些。前后三、中后三和背后三是由后排中间队员与二传进行的传攻配合，而后四并不常见，所以后排攻战术多数为后三和后二两种。

五、调整攻

前面3种单人进攻战术都需要比较好的二传传球位置做保证，必须事先通过攻手预定。然而，比赛中遇见接发球或防守垫传起的弧度与落点不理想时，二传与攻手须采用调整攻战术。因此，调整攻战术可以看成是前面3种单人进攻战术的应变。从传球看，调整攻战术的传球弧度高，无法利用网长和进攻速度，需要整合攻手个人高度、力量、技巧等综合实力。通常，调整攻由主攻或接应完成，按扣球位置可以分为4号位（前排）调整攻、2号位（前排或后排）调整攻和3号位（前排或后排）调整攻3种。

第二节 排球比赛的进攻战术

进攻战术是指在接对方发球、扣球、拦网，以及传、垫过来的球后，全队所采取的有目的、有组织的配合进攻行动。一般包括"中一二""边一二""插上"等3种基本进攻战术形式。无论是在接发球、接扣球、接拦回球，或接对方传、垫过来的球之后，在组织进攻的形式上是一样的，都可以采用这3种基本进攻形式。

一、进攻战术的形式

（一）"中一二"进攻战术形式

"中一二"进攻战术形式是最简单、最基本的战术形式，是由前排中间的3号位队员作二传，把球传给2、4号位队员扣球进攻的战术形式（见图6-2）。如果二传队员轮转到4、2号位时，可以在对方发球后换到3号位来。其站位方法如图6-3、图6-4所示。

"中一二"进攻战术形式的优点是适合初学者，一传向网前中间3号位垫球比较容易，因而有利于组织进攻；二传队员在网前接应一传球的移动距离较近，向2、4号位传球的距离较短，容易传准。缺点是战术变化少，对方容易识破进攻意图。

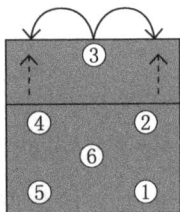

图6-2 "中一二"进攻战术示意   图6-3 "中一二"战术站位方法（4号位）   图6-4 "中一二"战术站位方法（2号位）

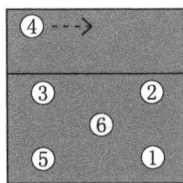

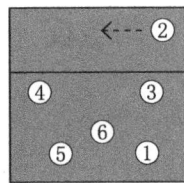

（二）"边一二"进攻战术形式

"边一二"进攻战术形式是由前排2号位队员担任二传，将球传给3、4号位队员进攻的战术形式（见图6-5）。

"边一二"进攻形式的优点是右手扣球者在3、4号位扣球都比较顺手，战术变化也较"中一二"进攻战术形式多。缺点是5号位接一传时，向2号位垫球距离较远，不易到位，一传偏4号位时，二传接应也比较困难。

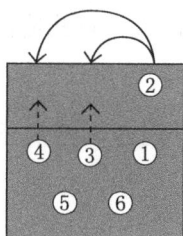

图 6-5　"边一二"进攻战术示意

（三）"插上"进攻战术形式

"插上"进攻战术形式是在对方发球后，由后排一名队员插上到前排做二传，把球传给前排4、3、2号位队员进攻的战术形式。例如，二传队员在1号位时，插上后向前排3个位置做二传（见图6-6），在比赛中来回球进攻时也可以随时插上。

"插上"进攻形式的优点是能保持前排三点进攻，战术配合变化多，能利用网的长度组织进攻。缺点是对插上队员二传的传球技术及起动"插上"的时机等方面要求较高。

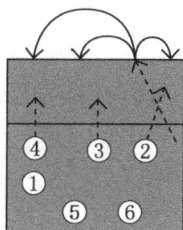

图 6-6　"插上"进攻战术示意

二、进攻战术打法

进攻战术打法是指二传队员与扣球队员之间所组成的各种进攻配合，包括强攻、快攻和两次球进攻3种基本打法。每种打法中又有若干不同的战术配合。所有这些打法又都可以在"中一二"、"边一二"和"插上"3种基本进攻战术形式中具体运用。

（一）强攻

强攻是指在没有同伴掩护、对方有拦网准备的情况下，主要凭个人技术、力量、高度强行突破对方拦、防的进攻，一般指二传传高球进攻。根据不同的二传位置，还可以分为集中进攻、拉开进攻、围绕进攻、调整进攻等。后排队员的高球进攻也属于强攻打法。

（二）快攻

快攻是指扣二传传出的各种平、快球，以及用这些平、快球做掩护所组成的各种战术配合。可以分为 3 类：平、快球进攻、自我掩护进攻、快球掩护进攻。

1. 平、快球进攻

常用于有近体快球等情况，此外还有调整快球、远网快球、后排快球、单脚起跳快球、快抹球等。

2. 自我掩护进攻

包括时间差进攻、位置差进攻、空间差进攻、短平快位置差进攻、快球位置差进攻，以及空间差的前飞、背飞进攻。

3. 快球掩护进攻

主要有交叉进攻，包括前交叉、后交叉、背交叉、反交叉、假交叉 5 种交叉。

（三）两次球进攻

当一传来球较高，又在网前适合扣球的位置，前排队员可以跳起来直接进行扣球进攻，如遇拦网，就在空中改做二传，把球转移给其他前排队员进攻，这种打法称为两次球进攻战术。

以上 3 种进攻战术打法，同样都可以在接发球、接扣球、接拦回球，或接对方传、垫过来的球后任意选择运用。

第三节　排球比赛的防守战术

排球防守战术是抑制对手发球、扣球和拦网等主要得分手段的场上分工配合的组织形式。包括接发球（一攻）、拦防扣球（反攻）、接拦回球（保攻）和接推吊（推攻）球 4 种。

一、接发球阵型

接发球是进攻的基础，只有接好发球，才能保证进攻战术的组织成功。接发球站位阵型是接好发球的基础，对接发球的效果和组织进攻有很大的影响。因此，站位的阵型，不仅要有利于接发球，也要有利于本方所采用的进攻战术。接发球阵型按接发球的人数来划分，通常多采用五人接发球和四人接发球。

（一）五人接发球阵型

这是最基本的接发球阵型，除一名二传队员在网前或从后排插上不接发球外，其余五名队员都担负一传任务，初学者、水平较低的队更需要采用这种阵型（见图6-7）。

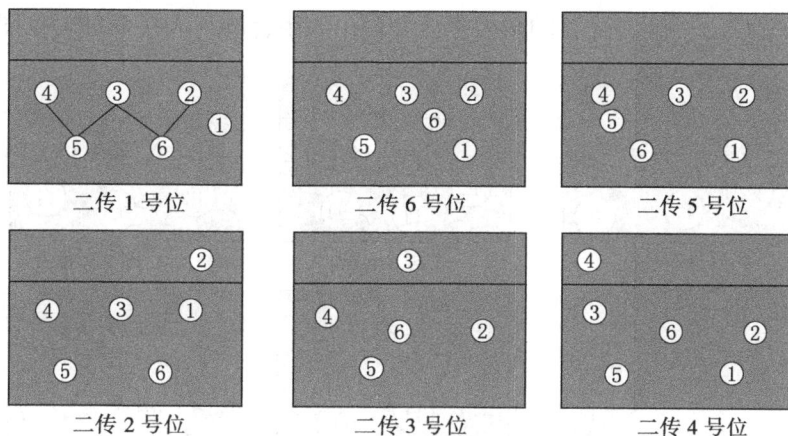

图 6-7　五人接发球阵型

1.五人接发球的优点

（1）队员均衡分布，每人接发球的范围相对较小，区域分工、责任明确。

（2）接发球时，已形成了基本的进攻阵型，组织进攻比较方便。

2.五人接发球的缺点

（1）二传队员在后排时，从5号位插上距离较长，难度大。

（2）3号位队员接球时，不便组成快攻战术。

（3）不利于有进攻特长的队员及时换位。

（4）站位时，队员之间的交界点相应增多，如果队员之间配合不默契时，容易出现互相干扰、互抢或互让现象。

（二）四人接发球阵型

为了插上方便，插上队员与同列的前排队员都站在网前不接发球，其他四人站成弧形接发球（见图6-8）。其优点是便于后排二传队员插上和不接发球的前排队员及时换位，其缺点是四人接全场要求有较高的判断和移动能力。

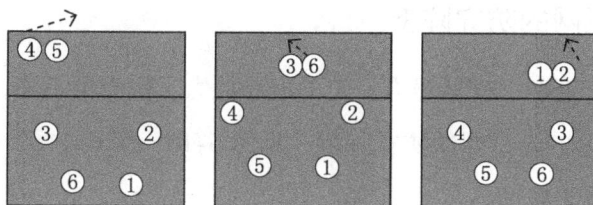

图 6-8　四人接发球阵型

（三）三人接发球

三人接发球是高水平比赛中最常见的接发球。通常由两名接发球较好的攻手和自由人组成，其中，由两名主攻和自由人作为三人接发球配合最为常见。下面我们介绍以"二—主—副"五一阵容配置的两名主攻和自由人组合的三人接发球（见图6-9）。

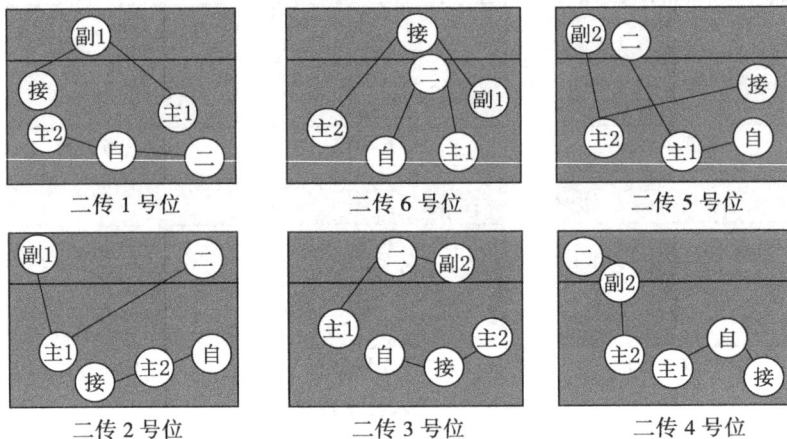

图 6-9　三人接发球阵型

二、拦防扣球阵型

拦防扣球阵型是前排拦网与后排防守的整体配合阵型。防守阵型首先要根据对方进攻的具体情况，其次要充分发挥本队队员特长，同时也要适当考虑到防守后的进攻战术打法。

（一）不拦网的防守阵型

根据对方进攻的情况，在没有必要进行拦网，或水平较低的队没有进攻能力或进攻能力较弱时，可以采用不拦网的防守阵型，其防守阵型与五人接发球阵型相似。前排进攻队员后退，准备防后场球。二传队员留在网前，既可防吊到网前的球，又便于组织进攻。初学软式排球的队，由于双方扣球能力不强，比赛可采用不拦网的防守阵型。

（二）单人拦网的防守阵型

水平较低的队比赛时，球队虽有一定的进攻能力，但力量不强，扣球路线变化少，吊球又多，可以采用单人拦网的防守阵型（见图6-10、图6-11），由不拦网的队员后撤防前区，后排队员防后场。

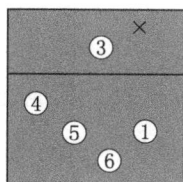

图 6-10　单人拦网防守阵型示意一　　　　　图 6-11　单人拦网防守阵型示意二

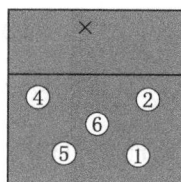

（三）双人拦网的防守阵型

水平较高的队可采用双人拦网的防守阵型。双人拦网的防守阵型分为"边跟进"和"心跟进"两种。

1."边跟进"防守阵型

多在对方进攻较强、吊球较少时采用。当对方从 4 号位进攻时，我方 2、3 号位队员拦网，其他四名队员组成半圆弧形防守（见图 6-12）阵型。如遇对方吊前区，由边上 1 号位队员跟进防守。其优点是加强了拦网；缺点是边上的队员既要防直线，又要跟进防前区，比较困难，而且中间"心"形空当较大。

2."心跟进"防守阵型

即后排中心的 6 号位队员在本方拦网时跟上去保护。适合于本方拦网能力强、对方采取打吊结合的情形时采用。其优点是加强了前区的防守，缺点是后排防守的空当较大（见图 6-13）。

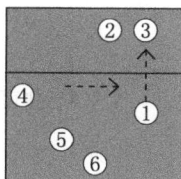

图 6-12　半圆弧形防守阵型　　　　　　图 6-13　"心跟进"防守阵型

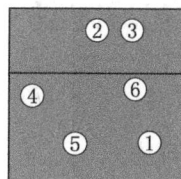

三、接拦回球阵型

本方强攻时，二传弧度较高，进攻点明确，除扣球队员自我保护外，本队其他五名队员均可参加接拦回球。根据扣拦的情况灵活采用不同的站位。

（一）"三二"站位

本方 4 号位进攻时，其他队员均面向进攻方向，5、6 和 3 号位队员组成第一道防线，1 和 2 号位队员组成第二道防线。这种站位一般在对方拦网有高度、落点大多在近网时采用（见图 6-14）。

（二）"二二一"站位

这种布防方法是把防区分为三道防线。以本方 4 号位进攻，其他五名队员保护为例。5 号位队员向前移动和向左后方移动的 3 号位队员组成第一道防线；6 号位队员向前移动和内撤的 2 号位队员组成第二道防线；1 号位队员保护后场成为第三道防线。这种站位适合对方拦网落点较分散时采用（见图 6-15）。

（三）"二三"站位

这种站位的第一道防线与"二二一"站位相同，只是后区的 1 号位队员上前与 2、6 号位队员共同组成第二道防线。这种站位多在对方拦网力量不强，弹回的球速度较慢时采用。当本方队员从 2 或 3 号位进攻时，其站位方法基本与 4 号位进攻时的站位相同（见图 6-16）。

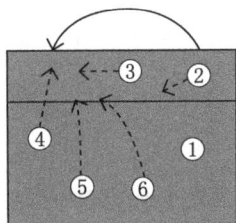

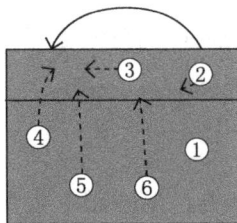

图 6-14 "三二"站位　　　图 6-15 "二二一"站位　　　图 6-16 "二三"站位

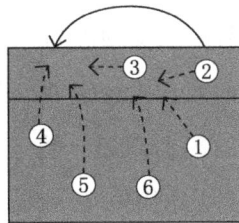

四、防推吊球阵型

（1）接对方传、垫过网的球，根据其运用的时机、条件及来球性能的差异，可采用 5 人、4 人接球方式。

（2）当对方一传将球垫飞，接应队员将球调整在中、后场附近，第三次无法组织进攻时，后排二传队员尽早插到网前，前排队员快速后撤或换位，可以采用 5 人或 4 人接发球，尽量组织三点战术进攻。

（3）当对方二传将球调整到中场附近，因高度限制不能扣球时，常采用上手平推过网，并辅之找空当、弱区的方法。接这种球的基本方法同上。

（4）当对方传、垫球落在本方前区时，前排队员也已经后撤，这时可组织两次球进攻战术。如对方传、垫球落在后区，前排队员能较充裕地后撤准备进攻，此时组织"插上"战术更为有利。

第七章　大学排球水平测试内容与评价方法指南

第一节　排球专项身体素质测试内容与评分方法

一、耐力素质测试内容与评分方法

（一）12分钟跑测验与评分标准

1．测试目的

测试学生耐力素质的发展水平和有氧运动的能力，特别是心血管和呼吸系统的机能及肌肉耐力。

2．场地器材

400米田径场跑道，地质不限。四面红旗、四面黄旗，口哨、秒表若干块。

3．测试方法

首先要做好场地的准备工作，在400米田径场测试时，每50米处插一面黄旗，每100米处插一面红旗，在每面旗处各画一条横线。当12分钟到时，听到哨声，必须马上停下来，记录跑动的距离。距离间隔为50米或50米的倍数，记录成绩为前50米或100米的距离，如2420米记为2400米，不能记为2450米。

4．注意事项

（1）教师要向学生介绍12分钟跑的意义，途中如何控制跑速和合理分配体能，并做好准备活动。

（2）听到哨声时应停下来，在附近调整放松，等老师记录完成绩后，才能离开。

5．中长跑测试项目与评分标准

中长跑测试项目与评分标准如表7-1所示。

表 7-1　中长跑测试项目与评分标准

分值	性别					
	男生			女生		
	12分钟跑/米	3000米跑	1000米跑	12分钟跑/米	2400米跑	800米跑
100	3000	13'00"	3'30"	2500	13'00"	3'25"
95	2950	13'30"	3'35"	2450	13'30"	3'30"
90	2900	14'00"	3'40"	2400	14'00"	3'35"
85	2850	14'30"	3'46"	2350	14'30"	3'41"
80	2800	15'00"	3'52"	2300	15'00"	3'47"
75	2700	15'30"	3'59"	2250	15'30"	3'54"
70	2600	16'00"	4'06"	2200	16'00"	4'01"
65	2500	16'30"	4'14"	2100	16'30"	4'08"
60	2400	17'00"	4'22"	2000	17'00"	4'15"
55	2300	17'30"	4'30"	1900	17'30"	4'22"
50	2200	18'00"	4'38"	1800	18'00"	4'29"
45	2100	18'30"	4'46"	1700	18'30"	4'36"
40	2000	19'00"	4'54"	1600	19'00"	4'43"
35	1900	19'30"	5'02"	1500	19'30"	4'50"
30	1800	20'00"	5'10"	1400	20'00"	4'57"

（二）3000米跑测验与评分标准（女生为2400米跑）

1. 测试目的

测试学生耐力素质的发展水平和有氧运动的能力，特别是心血管和呼吸系统的机能及肌肉耐力。

2. 场地器材

400米、300米、200米田径场跑道，地质不限。也可使用其他不规则场地，但必须丈量准确，地面平坦。准备秒表若干块。

3. 测试方法

记录受试者完成3000米距离的时间。测试可分两组，前后两组一对一报圈数，使受试者清楚自己完成情况。

4. 注意事项

教师要向学生介绍3000米跑的意义，途中如何控制跑速和合理分配体能，并做好准备活动。

5. 评分标准

评分标准如表7-1所示。

（三）1000 米跑测验与评分标准（女生为 800 米跑）

1．测试目的

测试学生耐力素质的发展水平，特别是心血管和呼吸系统的机能及肌肉耐力。

2．场地器材

400 米、300 米、200 米田径场跑道，地质不限。也可使用其他不规则场地，但必须丈量准确，地面平坦。准备秒表若干块。

3．测试方法

受试者至少两人一组进行测试，站立式起跑。当听到"跑"的口令后开始起跑。计时员看到旗动开表计时，当受试者的躯干部到达终点线垂直面时停表。以分、秒为单位记录测试成绩，不计小数。

4．评分标准

评分标准如表 7-1 所示。

（四）5×25 米折返跑测验与评分标准

1．测试目的

测试学生耐力素质的发展水平，特别是心血管和呼吸系统的机能及肌肉耐力。

2．场地器材

直线距离超过 30 米、宽度超过 5 米的场地，地质不限。但必须丈量准确，地面平坦。从起始线开始，每间隔 5 米放置一个标志物。准备秒表若干块。

3．测试方法

受试者一人一组进行测试，站立式起跑。计时员看到受试者脚起动时，则开表计时，当受试者的躯干部到达终点线（起始线）垂直面时停表。受试者从起跑线向场内垂直方向快跑，在跑动中用手击倒位于 5 米、10 米、15 米、20 米和 25 米各处的标识物后返回起跑线，每击倒一个标识物立即返回一次（须将标识物击倒，否则不计成绩）。以秒为单位记录测试成绩，精确到小数点后一位。

4．评分标准

5×25 米折返跑评分标准如表 7-2 所示。

表 7-2　5×25 米折返跑评分标准

分值	成绩		分值	成绩	
	男	女		男	女
100	32″00	34″00		32″01～32″30	34″01～34″30
96	32″31～32″60	34″31～34″60	72	35″01～35″30	37″01～37″30

续表

分值	成绩		分值	成绩	
	男	女		男	女
94	32″61～32″90	34″61～34″90	69	35″31～35″60	37″31～37″60
92	32″91～33″20	34″91～35″20	65	35″61～36″90	37″61～37″90
90	33″21～33″50	35″21～35″50	60	36″91～36″20	37″91～38″20
87	33″51～33″80	35″51～35″80	55	36″21～36″50	38″21～38″50
84	33″81～34″10	35″81～36″10	50	36″51～37″80	38″51～38″80
81	34″11～34″40	36″11～36″40	45	37″81～38″10	38″81～39″10
78	34″41～34″70	36″41～36″70	40	38″11～38″40	39″11～39″40
75	34″71～35″00	36″71～37″00	30	38″40以上	39″40以上

二、力量和爆发力素质测试内容与评分方法

（一）俯卧撑

1．测试目的

测试学生的上肢肌肉、胸大肌、背部肌肉力量。

2．场地器材

垫子或代用品若干块铺放平坦。

3．测试方法

（1）双手支撑身体，双臂垂直于地面，两腿向身体后方伸展，依靠双手和两个脚的脚尖保持平衡，保持头、脖子、后背、臀部及双腿在一条直线上。

（2）两个肘部向身体外侧弯曲，身体降低到基本靠近地板。

（3）收紧腹部，保持身体在一条直线上，全身挺直，平起平落。

（4）测试人员发出"开始"口令的同时开表计时，记录1分钟内完成次数。1分钟到时，精确到个位。

4．注意事项

（1）如发现受试者下降身体时，肩关节没有与肘关节持平就撑起，或身体没有平起平落，该次不计数。

（2）测试过程中，观测人员应向受试者报数。

5．评分标准

俯卧撑评分标准如表7-3所示。

表7-3　俯卧撑评分标准

分值	成绩/次		分值	成绩/次		分值	成绩/次	
	男	女		男	女		男	女
100	54	16	75	39	11	50	22	6
95	51	15	70	36	10	45	18	5
90	48	14	65	33	9	40	14	4
85	45	13	60	30	8	35	10	2
80	42	12	55	26	7	30	6	1

（二）仰卧起坐

1．测试目的

测试学生的腹肌耐力。

2．场地器材

垫子或代用品若干块铺放平坦。

3．测试方法

（1）受试者仰卧于垫上，两腿稍分开，屈膝呈90°左右，两手指交叉贴于脑后。另一同伴压住其踝关节，以固定下肢。

（2）受试者坐起时两肘触及或超过双膝为完成一次。仰卧时两肩胛必须触垫。

（3）测试人员发出"开始"口令的同时开表计时，记录1分钟内完成次数。1分钟到时，受试者虽已坐起但肘关节未达到双膝者不计该次数，精确到个位。

4．注意事项

（1）如发现受试者借用肘部撑垫或臀部起落的力量起坐时，该次不计数。

（2）测试过程中，观测人员应向受试者报数。

（3）受试者双脚必须放于垫上。

5．评分标准

仰卧起坐评分标准如表7-4所示。

表7-4　仰卧起坐评分标准

分值	成绩/次		分值	成绩/次		分值	成绩/次	
	男	女		男	女		男	女
100	50	50	75	40	40	50	30	30
95	48	48	70	38	38	45	28	28
90	46	46	65	36	36	40	26	26
85	44	44	60	34	34	35	24	24
80	42	42	55	32	32	30	22	22

（三）引体向上（男生）

1．测试目的

测试学生的上肢肌肉力量及耐力的发展水平。

2．场地器材

高单杠，杠粗以手握住为准。

3．测试方法

受试者跳起双手正握杠，两手与肩同宽成直臂悬垂。静止后，两臂同时用力引体（身体不能有附加动作）上拉到下颌超过横杠上沿为完成一次。记录引体次数。

4．注意事项

（1）受试者应双手正握单杠，待身体静止后开始测试。

（2）引体向上时，身体不得做大的摆动，也不得借助其他附加动作撑起。

（3）两次引体向上的间隔时间超过10秒终止测试。

5．评分标准

引体向上评分标准如表7-5所示。

表7-5　引体向上评分标准

分值	成绩／次	分值	成绩／次	分值	成绩／次
100	25	75	14	50	8
95	22	70	12	45	7
90	20	65	11	40	6
85	18	60	10	35	5
80	16	55	9	30	4

（四）立定跳远

1．测试目的

测试学生下肢爆发力及身体协调能力的发展水平。

2．场地器材

沙坑、丈量尺。沙面应与地面平齐，如无沙坑，可在土质松软的平地上进行。起跳线至沙坑近端不得少于30厘米。起跳地面要平坦，不得有坑凹。

3．测试方法

受试者两脚自然分开站立，站在起跳线后，脚尖不得踩线（最好用缰绳做起跳线）。两脚原地同时起跳，不得有垫步或连跳动作。丈量起跳线后沿至最近着地点后的垂直距离。每人试跳3次，记录其中成绩最好一次。以米为单位，保留两位小数。

4．注意事项

（1）发现犯规时，此次成绩无效。三次试跳均无成绩者，应允许再跳，直至取得成绩为止。

（2）可以赤足，但不得穿钉鞋、皮鞋、塑料凉鞋参加测试。

5．评分标准

立定跳远评分标准如表7-6所示。

表7-6 立定跳远评分标准

分值	成绩／米		分值	成绩／米		分值	成绩／米	
	男	女		男	女		男	女
100	2.64	2.06	75	2.44	1.85	50	2.20	1.60
95	2.60	2.02	70	2.40	1.80	45	2.14	1.55
90	2.56	1.98	65	2.35	1.75	40	2.08	1.50
85	2.52	1.94	60	2.30	1.70	35	2.01	1.45
80	2.48	1.90	55	2.25	1.65	30	1.94	1.40

三、速度和灵敏素质测试内容与评分方法

（一）10米×4往返跑

1．测试目的

测试学生灵敏、协调、速度等综合身体素质。

2．场地器材

10米长的跑道若干，在跑道两端线外30厘米处各画一条线。5×10厘米木块每道3块，一端画线处放2块，另一端放1块。准备秒表若干。

3．测试方法

受测试者采用站立式起跑方式，听到发令信号后从一端线起跑，跑到对面端线用一只手拿起一木块随即往回跑，跑到出发端线时交换木块，再跑回另一端交换另一木块，最后持木块冲出出发端线，记录跑完全程的时间。

4．注意事项

（1）10米×4往返跑是指10米的跑道往返跑4次，即往返各算1次，共40米，并非往返合起来算1次即80米。

（2）当受测试者取放木块时，脚不要越过端线。

（3）记录以秒为单位，取一位小数，第二位小数非"0"时进"1"。

5．评分标准

10 米 ×4 往返跑评分标准如表 7-7 所示。

表 7-7　10 米 ×4 往返跑评分标准

分值	成绩		分值	成绩		分值	成绩	
	男	女		男	女		男	女
100	9″2	10″0	75	10″2	11″1	50	11″6	12″6
95	9″4	10″2	70	10″4	11″4	45	11″9	12″9
90	9″6	10″4	65	10″7	11″7	40	12″2	13″2
85	9″8	10″6	60	11″0	12″0	35	12″6	13″6
80	10″0	10″8	55	11″3	12″3	30	13″0	14″0

（二）30 米跑

1．测试目的

测试学生速度、灵敏素质及神经系统灵活性的发展水平。

2．场地器材

30 米直线跑道若干条，地面平坦，地质不限，跑道线要清楚。发令旗一面，口哨一个，秒表若干块。

3．测试方法

受试者至少两人一组测试。站立起跑，受试者听到"跑"的口令后开始起跑。发令员在发出口令同时要摆动发令旗。计时员视旗动开表计时，受试者躯干部到达终点线的垂直面停表。以秒为单位记录测试成绩，精确到小数点后两位。

4．注意事项

（1）受试者测试最好穿运动鞋或平底布鞋，赤足亦可。但不得穿钉鞋、皮鞋、塑料凉鞋。

（2）发现有抢跑者，要当即召回重跑。

（3）如遇风时一律顺风跑。

5．评分标准

30 米跑评分标准如表 7-8 所示。

表 7-8　30 米跑评分标准

分值	成绩		分值	成绩		分值	成绩	
	男	女		男	女		男	女
100	3″90	4″60	75	4″50	5″35	50	5″15	6″10
95	4″00	4″70	70	4″65	5″50	45	5″30	6″25
90	4″15	4″85	65	4″80	5″65	40	5″40	6″40

分值	成绩		分值	成绩		分值	成绩	
	男	女		男	女		男	女
85	4″25	5″05	60	4″90	5″80	35	5″55	6″60
80	4″40	5″20	55	5″05	5″95	30	6″00	6″80

（三）50 米跑

1. 测试目的

测试学生速度、灵敏素质及神经系统灵活性的发展水平。

2. 场地器材

50 米直线跑道若干条，地面平坦，地质不限，跑道线要清楚。发令旗一面，口哨一个，秒表若干块。

3. 测试方法

受试者至少两人一组测试。站立起跑，受试者听到"跑"的口令后开始起跑。发令员在发出口令的同时要摆动发令旗。计时员视旗动开表计时，受试者躯干部到达终点线的垂直面停表。以秒为单位记录测试成绩，精确到小数点后一位，小数点后第 2 位数非"0"则进"1"，如"10 秒 11"按"10 秒 2"记录。

4. 注意事项

（1）受试者测试最好穿运动鞋或平底布鞋，赤足亦可。但不得穿钉鞋、皮鞋、塑料凉鞋。

（2）发现有抢跑者，要当即召回重跑。

（3）如遇风时一律顺风跑。

5. 评分标准

50 米跑评分标准如表 7-9 所示。

表 7-9　50 米跑评分标准

分值	成绩		分值	成绩		分值	成绩	
	男	女		男	女		男	女
100	6″2	7″4	75	7″2	8″4	50	8″0	9″2
95	6″4	7″6	70	7″4	8″6	45	8″1	9″3
90	6″6	7″8	65	7″6	8″8	40	8″2	9″4
85	6″8	8″0	60	7″8	9″0	35	8″3	9″5
80	7″0	8″2	55	7″9	9″1	30	8″4	9″6

（四）跳绳

1．测试目的

测试学生的下肢力量和身体协调能力。

2．场地器材

地面平整、干净的场地一块，地质不限。主要测试器材包括秒表、发令哨、各种长度的跳绳若干条。

3．测试方法

两人一组，一人测试，一人计数。受试者将绳的长短调至适宜长度，听到开始信号后开始跳绳，动作规格为正摇双脚跳绳，每跳跃一次且摇绳一回环（一圈），计为一次。听到结束信号后停止，测试员报数并记录受试者在 1 分钟内的跳绳次数。测试单位为次。

4．注意事项

测试过程中跳绳绊脚，除该次不计数外，应继续进行。

5．评分标准

跳绳评分标准如表 7-10 所示。

表 7-10　跳绳评分标准

分值	成绩 / 个		分值	成绩 / 个		分值	成绩 / 个	
	男	女		男	女		男	女
100	195	185	75	112	102	50	60	60
95	182	170	70	99	98	45	55	55
90	153	136	65	91	86	40	50	50
85	140	125	60	70	71	35	45	45
80	133	119	55	66	66	30	40	40

第二节　排球初级水平测试内容与评分标准

一、排球初级水平测试内容

排球初级水平主要测试垫球和传球技术，可选择自垫球、自传球或对墙垫球和对墙传球两类测试方式。

二、场地器材设置要求、测试方法与评分标准

（一）自垫球场地器材设置要求、测试方法与评分标准

1. 场地器材

场地设置在平坦、坚实的地面上，设置要求如下。

长和宽均为 3 米，场地四周设置明显的标志线；场地外围设置判断垫球高度的标志物，标志物在地面的垂直投影与同侧标志线相距 1 米；标志物设定的高度要适宜；男生和女生的测试场地要分别设置。

2. 测试方法

测试者进入测试区域，原地将球抛起，第一次垫球击球时开始计时，个人连续正面双手垫球，要求手型正确、击球部位准确、达到规定的高度。

每次测试时间不超过 1 分钟。每人测试两次，取成绩最好的一次作为最终成绩。

垫球未超时者，球落地或出现犯规行为（脚踩标志线或出测试区域），该次测试即结束；超时者，到规定时间后，该次测试自动结束。男生垫球的高度（从地面起至球的底部）不低于 2.35 米，女生不低于 2.15 米。测试时，方法正确，高度符合要求的垫球方能计数，计垫球的总个数。如需要可采用传球技术调整，但个数不计。

3. 评分标准

男、女生自垫球评分标准如表 7–11 所示。

表 7–11　男、女生自垫球评分标准

分数	100	95	90	85	80	70	60	50	40	30	20	10	0
垫球／个	60	55	50	45	40	35	30	25	20	15	10	5	< 5

（二）自传球场地器材设置要求、测试方法与评分标准

1. 场地器材

场地设置在平坦、坚实的地面上，设置要求如下。

长和宽均为 3 米，场地四周设置明显的标志线；场地外围设置判断垫球高度的标志物，标志物在地面的垂直投影与同侧标志线相距 1 米；标志物设定的高度要适宜；男生和女生的测试场地要分别设置。

2. 测试方法

测试者进入测试区域，原地将球抛起，第一次传球触球时开始计时，个人连续正面双手传球，要求手型正确，击球部位准确，达到规定的高度。

每次测试时间不超过 1 分钟。每人测试两次，取成绩最好的一次作为最终成绩。

传球未超时者，球落地或出现犯规行为（脚踩标志线或出测试区域），该次测试即结束；超时者，到规定时间后，该次测试自动结束。男生传球的高度（从地面起至球的底部）不低于 2.35 米，女生不低于 2.15 米。测试时，方法正确，高度符合要求的传球方能计数，计传球的总个数。如需要可采用垫球技术调整，但个数不计。

3. 评分标准

男、女生自传球评分标准如表 7-12 所示。

表 7-12　男、女生自传球评分标准

分数	100	95	90	85	80	70	60	50	40	30	20	10	0
传球／个	60	55	50	45	40	35	30	25	20	15	10	5	＜5

（三）对墙垫球场地器材设置要求、测试方法与评分标准

1. 场地器材

场地设置在平坦、坚实的地面上，设置要求如下。

在墙面距离地面 1.40 米处设一标志线，在地面距离墙壁 1.50 米处画出一标志线。

2. 测试方法

测试者站在地面标志线外，自己将球向上抛起，第一次垫球击球时开始计时，连续对墙垫球。要求手型正确、击球部位准确、达到规定的高度。

每次测试时间不超过 1 分钟。每人测试两次，取成绩最好的一次作为最终成绩。

垫球未超时者，球落地或出现犯规行为（规则不允许的行为），该次测试即结束；超时者，到规定时间后，该次测试自动结束。测试时，方法正确，在地面标志线之外垫出的高度符合要求的垫球方能计数，计垫球的总个数。如需要可采用传球技术调整，但个数不计。

3. 评分标准

男、女生对墙垫球评分标准如表 7-13 所示。

表 7-13　男、女生对墙垫球评分标准

分数	100	95	90	85	80	70	60	50	40	30	20	10	0
垫球／个	60	55	50	45	40	35	30	25	20	15	10	5	＜5

（四）对墙传球场地器材设置要求、测试方法与评分标准

1. 场地器材

场地设置在平坦、坚实的地面上，设置要求如下。

在墙面距离地面 2.35 米（男生）或 2.15 米（女生）处设一标志线，在地面距离墙壁 1.50 米处画出一标志线。

2. 测试方法

测试者站在地面标志线外，自己将球向上传起，第一次传球触球时开始计时，连续对墙传球。要求手型正确、击球部位准确、达到规定的高度。

每次测试时间不超过 1 分钟。每人测试两次，取成绩最好的一次作为最终成绩。

传球未超时者，球落地或出现犯规行为（规则不允许的行为），该次测试即结束；超时者，到规定时间后，该次测试自动结束。测试时，方法正确，在地面标志线之外传出的高度符合要求的传球方能计数，计传球的总个数。如需要可采用垫球技术调整，但个数不计。

3. 评分标准

男、女生对墙传球评分标准如表 7-14 所示。

表 7-14　男、女生对墙传球评分标准

分数	100	95	90	85	80	70	60	50	40	30	20	10	0
传球／个	60	55	50	45	40	35	30	25	20	15	10	5	＜ 5

第三节　排球中级水平测试内容与评分标准

一、排球中级水平测试内容

排球中级水平主要测试对垫球、对传球技术和发球技术。其中，男生要求隔网对垫（传）球，上手发球；女生要求两人相距 3 米以上无网对垫（传）球，发球姿势不限。

二、场地器材设置要求、测试方法与评分标准

（一）男生隔网对垫（传）球场地器材设置要求、测试方法与评分标准

1. 场地器材

在排球场地，设置网高 2.35 米。

2. 测试方法

测试者分别站在球网两侧，开始对垫（传）球，计数从第一个被垫（传）出的球开始，最终以两人连续垫（传）出的符合要求的球的总个数计算分数。

垫（传）球的技术要求按照排球规则规定，如垫（传）球过程中出现连击或严重持球、球落地、触网、过中线等情况，则该次考试即停止。如传球时出现轻微持球或考垫（传）球时出现传（垫）球动作，考试可继续进行，但该球个数不计。每组测试两次，取成绩最好的一次作为最终成绩。

两人垫（传）球时间不限，传球伙伴可自由选择，但每人只能被选择一次。如果出现第二次选择，第二次选择者最高分为90分，被选择者以原来成绩为准；如果被选择者考试成绩有进步，允许修改成绩，但最高分为90分。

3. 评分标准

男生隔网对垫（传）球评分标准如表7-15所示。

表 7-15　男生隔网对垫（传）球评分标准

分数	100	95	90	85	80	70	60	50	40	30	20	10	0
对垫（传）球/个	60	55	50	45	40	35	30	25	20	15	10	5	< 5

（二）女生对垫（传）球场地器材设置要求、测试方法与评分标准

1. 场地器材

在平坦、坚实的地面上，设置间隔3米的标志线。

2. 测试方法

测试者分别站在标志线后，开始对垫（传）球，计数从第一个被垫（传）出的球开始，最终以两人连续垫（传）出的符合要求的球的总个数计算分数。

测试对垫（传）技术时，要求球飞行至最高点时，其高度（从地面起至球的底部）不低于2.15米。垫（传）球的技术要求按照排球规则规定，如垫（传）球过程中出现连击或严重持球、球落地等情况，则该次考试即停止。如传球时出现轻微持球，或考垫（传）球时出现传（垫）球，或在垫（传）球过程中出现距离不达规定者，考试可继续进行，但该球个数不计。每组测试两次，取成绩最好的一次作为最终成绩。

两人垫（传）球时间不限，传球伙伴可自由选择，但每人只能被选择一次。如果出现第二次选择，第二次选择者最高分为90分，被选择者以原来成绩为准；如果被选择者考试成绩有进步，允许修改成绩，但最高分为90分。

3. 评分标准

女生对垫（传）球评分标准如表7-16所示。

表 7-16　女生对垫（传）球评分标准

分数	100	95	90	85	80	70	60	50	40	30	20	10	0
对垫（传）球／个	60	55	50	45	40	35	30	25	20	15	10	5	<5

（三）发球场地器材设置要求、测试方法与评分标准

1．场地器材

排球场地，男生设置网高 2.35 米，女生设置网高 2.15 米。

2．测试方法

测试者站在发球区按排球规则要求进行发球。要求男生采用正面上手发球，如以其他姿势发球则为发球失误；女生发球姿势不限。每位测试者每次连续发球 10 个，以成功落在对方场区内的个数（达标）和技能评定（以下简称技评）标准来评定最终成绩。其中达标占 60 分，技评占 40 分，满分 100 分。

每位测试者有两次考试机会，取成绩最好的一次作为最终成绩。

3．评分标准

（1）达标标准：满分为 60 分，每失误一个球扣 6 分。

（2）技评标准：满分为 40 分，按 4 个等级评定（见表 7-17）。

表 7-17　发球技评标准

分值	技评标准
40 分	抛球和挥臂正确合理，动作熟练、协调，击球部位正确，性能较好，失误较少
30 分	抛球和挥臂基本正确，动作协调，击球部位正确，性能一般
20 分	抛球和挥臂尚正确，动作不够连贯，性能较差
10 分	抛球和挥臂不正确，动作不协调，失误较多

第四节　排球高级水平测试内容与评分标准

一、排球高级水平测试内容

排球高级水平主要测试垫球（一传）技术、传球（二传）技术、扣球技术和比赛技能。其中扣球要求男生采用助跑起跳扣球技术，女生可原地扣球或助跑起跳扣球。

二、场地器材设置要求、测试方法与评分标准

（一）垫球（一传）技术测试场地器材设置要求、测试方法与评分标准

1. 场地器材

排球场地。

2. 测试方法

要求测试者站在6号位，向2、3号位之间垫由对方场地抛来的球，要求把球垫进2、3号位之间的考试架，垫出的球要有一定弧度。每人每次垫球10个，从垫球达标和技评两个方面评定成绩，其中达标占60分，技评占40分，满分100分。

每位测试者有两次考试机会，取成绩最好的一次作为最终成绩。

3. 评分标准

（1）达标标准：满分为60分，每失误一个球扣6分。

（2）技评标准：满分为40分，按4个等级评分（见表7-18）。

表7-18　垫球（一传）技评标准

分值	技评标准
40分	判断取位好，移动步伐正确、熟练，动作协调，手型正确，控制球较好
30分	判断取位尚好，移动步伐正确、熟练，动作比较协调，手型正确，控制球一般
20分	判断取位一般，移动步伐稍慢，动作不太协调，手型基本正确，控制球能力差
10分	判断不准，步伐混乱，动作不协调，控制球能力很差

（二）传球（二传）技术测试场地器材设置要求、测试方法与评分标准

1. 场地器材

排球场地。

2. 测试方法

要求测试者站在3号位，向4号位或2号位传由5、6号位之间抛来的球，要求把球传进4号位或2号位的考试架，传出的球要有一定的弧度、高度。每人每次传球10个，从传球达标和技评两个方面评定成绩，其中达标占60分，技评占40分，满分100分。

每位测试者有两次考试机会，取成绩最好的一次作为最终成绩。

3. 评分标准

（1）达标标准：满分为60分，每失误一个球扣6分。

（2）技评标准：满分为40分，按4个等级评分（见表7-19）。

表 7-19　传球（二传）技评标准

分值	技评标准
40 分	移动取位及时，人与球位置适合，传球时全身用力协调，手型正确，出手清晰，控制球能力好，二传的弧度和到位效果好
30 分	移动及时，人与球位置适合，用力尚协调，手型基本正确，控制球能力一般，效果稍差
20 分	取位不准确，人与球位置不太适合，传球用力不够协调，手型基本正确，控制球和效果较差
10 分	移动稍慢，对不正来球，手型不正确，用力不协调，有持球现象

（三）扣球场地器材设置要求、测试方法与评分标准

1. 场地器材

排球场地，男生设置网高 2.35 米，女生设置网高 2.15 米。

2. 测试方法

测试者在进攻区的 2 号位或 4 号位扣抛球或扣二传传球。要求男生助跑起跳扣球，如原地扣球则为扣球失误；女生原地扣球或助跑起跳扣球。其他按排球规则进行。

每位测试者每次连续扣球 10 个，以成功落在对方场区内的个数（达标）和技评来评定最终成绩。其中达标占 60 分，技评占 40 分，满分 100 分。

每位测试者有两次考试机会，取成绩最好的一次作为最终成绩。

3. 评分标准

（1）达标标准：满分为 60 分，每失误一个球扣 6 分。

（2）技评标准：满分为 40 分，按 4 个等级评分（见表 7-20）。

表 7-20　扣球技评标准

分值	技评标准
40 分	助跑起跳动作连贯，步伐正确、选位合适，起跳时机适合（男生），击球点高，挥臂动作和手法正确，扣球力量大，手控制球好，失误较少
30 分	助跑起跳动作连贯，选位较正确，起跳时机基本适合（男生），击球点高，挥臂动作基本正确，手控制球能力较差，力量不大
20 分	助跑起跳动作协调性差，选位不稳定，起跳时机不适合（男生），挥臂动作和手法一般
10 分	助跑不连贯，起跳不及时，选位不合适（男生），挥臂动作不正确，没有在空中击准球，扣球力量太小

（四）比赛技能考核评分标准

1. 场地器材

排球场地，男生设置网高 2.35 米，女生设置网高 2.15 米。

2. 测试方法

根据上课班级人数，自由组合成 6 人一组的比赛队伍，如班级人数不为 6 的倍数，则仍按 6 人一组组队，多余人员按抽签法随机分入各组，比赛时超过 6 人的队可安排替补队员轮流上场。比赛采用单循环赛制，每场比赛采取三局两胜制，胜一场得 2 分，负一场得 1 分，弃权为 0 分。

每位参赛者的成绩最终由比赛名次和技评两部分组成。其中，比赛名次占 60 分，技评占 40 分，满分 100 分。

3. 评分标准

（1）名次评分标准：最高赋分为 60 分，最低赋分一般不低于 36 分。各名次间的分值差依据参赛队伍数量的多少确定，其计算公式为

$$名次间的分值差 = \frac{最高成绩 60 分 - 最低成绩 36 分}{参赛组数 - 1}$$

如不能整除，结果按四舍五入原则取整数。

（2）技评标准：满分为 40 分，按 4 个等级评分（见表 7-21）。

表 7-21　比赛技评标准

分值	技评标准
40 分	个人攻防能力强，失误少，换位正确、及时，集体战术配合意识强，有较强的组织能力
30 分	个人攻防能力突出，控球能力一般，能正确及时换位，具有一定的集体战术配合能力
20 分	能按规则进行比赛，运用技、战术基本合理，但换位概念不清，失误较多
10 分	不能正确、及时进行换位，不能合理运用技、战术，失误较多

竞赛篇

JINGSAI PIAN

第八章 排球竞赛规则与裁判方法

第一节 排球竞赛主要规则

一、器材与设备

（一）竞赛场地上的区和区域

排球竞赛场地上的区和区域如图 8-1 所示。

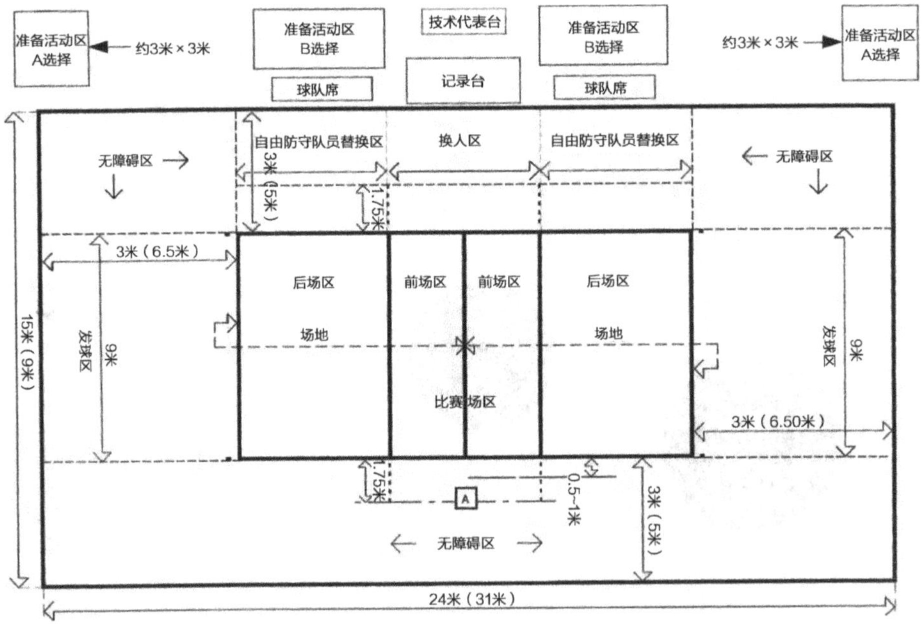

图 8-1 排球竞赛场地的区和区域

1. 比赛场区

比赛场区为长 18 米 ×9 米的长方形。中线将其分为相等的两个场区。所有的界线宽为 5 厘米，线的宽度均包括在场区内。

2. 无障碍区

比赛场地四周至少有 3 米宽的无障碍区，比赛场区上空的无障碍空间从地面丈量至少高 7 米，其间不得有任何障碍物。在国际排联世界性正式比赛中，比赛场区边线外的无障碍区至少宽 5 米，端线外至少宽 6.5 米，其上空无障碍空间至少高 12.5 米。

3．发球区

宽为 9 米，位置在端线后。两条边线后各画一条长 15 厘米、垂直于端线且离端线 20 厘米的短线，两条短线之间的区域为发球区，其短线宽度包括在发球区内。发球区的深度延至无障碍区终端。

4．前场区、后场区

中线与进攻线构成前场区。中线与进攻线距离 3 米。前场区向边线外的无障碍区延长。进攻线与端线构成后场区。

5．换人区

两条进攻线的延长线与记录台一侧边线构成的区域为换人区。

6．自由防守队员替换区

该区域是无障碍区的一部分，在球队席一侧的进攻线延长线和端线延长线之间。

7．准备活动区

无障碍区外球队席的远端，有 3 米 ×3 米的区域，为准备活动区。

8．判罚席

位于控制区域内各端线的延长线后，内设两把椅子。其长、宽各 1 米，线宽 5 厘米，为红色。被判罚出场的成员应坐在判罚席上。

9．球网

球网为黑色，长 9.5 米、宽 1 米，架设在中线的垂直面上。球网上沿缝有 7 厘米宽的双层白帆布袋。用一根柔韧的钢丝从中穿过，将球网固定在网柱上。球网的高度男子为 2.43 米，女子为 2.24 米。一般基层比赛的网高可根据情况自行而定。球网的高度应从场地中间丈量。场地中间的高度必须符合规定网高，两条边线上空的球网高度必须相等，并不得超过规定网高 2 厘米。

10．网柱

网柱为两根高 2.55 米的光滑圆柱，固定在边线外 0.5～1 米处，能够调节高度。禁止使用拉链固定网柱。一切危险设施或障碍物都必须排除。

11．标志带

标志带是两条宽 5 厘米、长 1 米的白色带子，分别系在球网两端，垂直于边线。标志带被认为是球网的一部分。

12．标志杆

标志杆是两根有韧性的杆子，长 1.8 米，直径 1 厘米，由玻璃纤维或类似材料制成，分别设在标志带外沿球网的不同两侧。标志杆高出球网80厘米，高出部分每10厘米应涂有明显对比的颜色，最好为红白相间。标志杆被认为是球网的一部分，也被视为过网区的边界。

13. 球

竞赛用球的颜色可以是一色的浅色球或国际排联批准的多色球，圆周为65～67厘米，重量为260～280克，气压为0.300～0.325千克／厘米²。国际排联世界性竞赛，各大洲和各国锦标赛、联赛所使用的球必须是国际排联批准的用球。为缩短非竞赛时间，正式竞赛均采用三球制。为此，在一次竞赛中所用的球，其特性包括圆周、重量、气压、牌号及颜色，这些特性都必须统一。

二、竞赛参加者

一个队最多可以有12名队员、1名教练员、两名助理教练员、1名理疗师和1名医生。竞赛队的领导有教练员、助理教练员、队长。队长上场时即担任场上队长，仅有场上队长在死球时可以和裁判员讲话。当队长不在场时，教练员或队长应指定另1名队员担任场上队长。

三、竞赛方法

每队击球3次过网（拦网触球除外）。球必须从网上击入对方场区，目的在于使球落在对方场区地面上或使球触及对方队员身体后出界。发球队胜1球得1分，失败则失1分换成对方发球。决胜局亦同，每球得分的队伍同时得球权。换发球时，该队队员按照顺时针方向轮转一个位置。比赛采用每球得分制，胜1球即得1分。比赛的前四局以先得25分，并同时超出对方2分的队为胜一局。当比分为24∶24时，比赛继续进行至某队领先2分为胜一局（如26∶24、27∶25）。决胜局以先得15分，并同时超出对方2分的队获胜。当比分为14∶14时，比赛继续进行至某队领先2分为胜一局（如16∶14、17∶15）。正式比赛采用五局三胜制。最多比赛五局，先胜三局的队胜一场。

四、竞赛行为

（一）竞赛状态

1. 进入竞赛

经第一裁判员允许，发球队员击球为进入竞赛。

2. 竞赛中止

裁判员鸣哨，出现犯规、球落地或触障碍物等，竞赛中止。

（二）发球

1. 定义

后排右边队员在发球区内将球击出而进入竞赛的行为。

2. 发球次序

按填表顺序，发球队胜1球时由原发球队员发球，接发球队胜1球时获发球权并顺时针轮转发球。

3. 发球区的界定

前沿为端线，发球队员发球时不受位置错误犯规限制，跳发球可在发球区外助跑，但起跳点及击球时必须在发球区内；发球的一刻，场上运动员必须在自己正确的位置上。

4. 发球犯规

发现犯规的情况有：击球时，发球次序错误；发球时球未抛起或持球手未撤离；发球队员脚踏及发球区以外区域；发球8秒犯规；违反"发球试图"（如球未触及发球队员而落地，则被认为是一次发球试图）的规定；采用发球掩护形式，即某一队员挥臂，跳跃或左右移动成个人掩护，或2名以上队员密集站立成集体掩护，球从个人或集体掩护上空飞过，以阻挡对方观察。发球击球后犯规（失误）的情况有：球未过网或触及本方队员身体；界外球；发球掩护发球犯规和位置错误同时发生判发球犯规。发球犯规，对方出现位置错误判位置错误犯规。判断位置错误的依据是队员脚着地的部位（见图8-2、图8-3）。

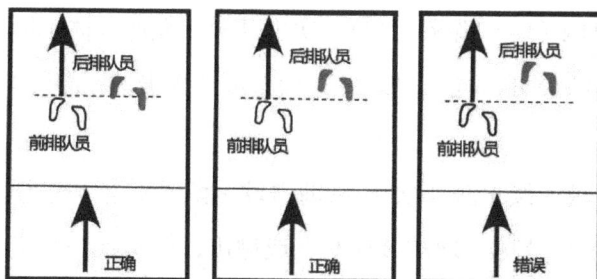

图8-2 前排队员与相应的后排队员的位置关系　　图8-3 同排队员的位置关系

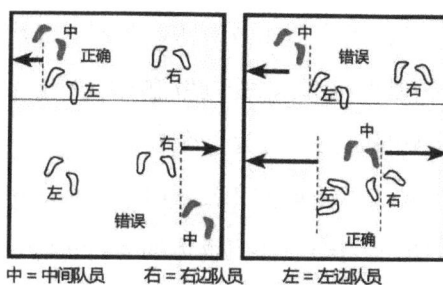

（三）"自由防守队员"的规定

（1）每支球队有权在记录表上登记的队员名单中指定最多两名特殊防守队员——自由人。

在国际排联世界性竞赛和正式成人竞赛中，如果记录表中队员人数超过 12 人，则名单中必须有两名自由人。

（2）自由人必须穿着与本队其他队员不同颜色的服装。

（3）自由人可以在竞赛间断和裁判员鸣哨发球之前，从进攻线和端线之间的边线处自由进出，他／她可以替换在后排的任何一名队员，不需经过换人过程，也不计在正常换人次数内，其上下次数不限，在其上下两次之间必须有一个完整的竞赛过程（一个处罚造成自由防守队员轮转到 4 号位或场上自由防守队员受伤造成的不完整过程除外）。

（4）自由人不得发球、拦网和试图拦网。

（5）作为特殊的后排队员，"自由人"不可在任何的位置上（包括场区和无障碍区）对整个球体高于球网的球完成进攻性击球。

（6）如果自由人在本队的前场区或延长区运用上手传球，其同伴不允许在高于球网处完成对该球的进攻性击球，但其在其他区的传球无碍。

（7）在一个队已经在记录表上登记了两名自由防守队员的情况下，当其中一名自由防守队员生病或受伤不能参加比赛时，该队有权只使用一名自由防守队员。除非余下的这名自由防守队员不能继续参加比赛，否则不允许重新指定新的自由防守队员。

（8）出现不合法的自由防守队员替换时，如果不合法替换在下一比赛过程开始前被发现并纠正，则该队被判延误比赛；如果不合法替换在发球击球后被发现，则应判该队为不合法的换人。

（四）竞赛中的击球

（1）击球次数每队最多击球 3 次过网（拦网除外）。第 1 次击球时，允许身体不同部位同一击球动作连续触球。2 或 3 名队员可以同时触球并计为 2 或 3 次击球；若只 1 人触球，则只计为 1 次击球。

（2）击球的犯规：4 次击球（一个队连续击球 4 次）；借助击球（队员在竞赛场地内借助同伴或任何物体的支持进行击球）；持球（球被接住和／或抛出，而不是被弹击出）；连击（一名队员连续击球两次，或球连续触及其身体的不同部位）。

（3）双方队员网上同时击球、网上同时触球竞赛继续进行，仍可击球 3 次。球触及标志杆或同时持球，则双方犯规，该球重新进行；同时触球后，球飞向某方场区外侧判为对方击球出界；某方击球 3 次后又在网上与对方同时触球，则判为 4 次击球犯规。

（五）球网附近的球

球必须通过球网上空的过网区进入对方场区。过网区是球网垂直平面的一部分，其范围是：下至球网上沿；两侧至标志杆及其延长线；上至天花板。球的整体或部分从延长空间进入对方无障碍区，可以在下列情况将球击回：队员不得触及对方场区；球被击回时，球的整体或部分必须从同侧延长空间通过，对方队员不得阻碍此击球。

允许球触及球网（除发球以外，球入球网后可再行击球；球击破球网或使网坠落，该球重新进行）。

（六）球网附近的队员

（1）允许球网附近的队员越过球网的情况：网上沿允许过网拦网，进攻性击球后允许手对球过网。

（2）网下穿越允许进入对方空间；队员一只（两只）脚部分越过中线触及对方场区的同时，其余部分接触中线或置于中线上空是允许的；在不干扰比赛的情况下，队员脚以上的身体任何其他部位触及对方场区是允许的；在不干扰比赛的情况下，队员可以穿越进入对方的无障碍区；比赛成死球时允许进入对方场区。

（3）队员在球网附近的犯规。

① 对方进攻性击球前或击球时，在对方空间触及球或对方队员。

② 从网下穿越进入对方空间并干扰对方比赛。

③ 队员整只脚越过中线进入对方场区。

④ 队员干扰比赛的情况主要有：击球过程中触及标志杆及标志杆以内球网任何部分，包括利用球网支撑，稳定身体；通过触网造成不公平的本方优势；妨碍对方进行合法击球的行为；拉网、触网。运动员靠近球或准备击球，不管是否击到球都是击球过程。但是，队员身体触及标志杆以外的球网，不算触网。

⑤ 触网：击球过程中触及标志杆以内球网部分为犯规。击球过程包括（但不限于）起跳、击球或试图击球、落地。

（七）拦网

1. 定义

拦网是队员靠近球网在高于球网处阻挡对方来球的行动，与触球点是否高于球网无关，但触球时必须有身体的一部分高于球网上沿。只有前排队员可以完成拦网。

2．形式

主要形式有：拦网试图（未触及球）；完成拦网（触及球）；集体拦网（两人或三人靠近，其中一人触球即完成拦网）。

3．状态

拦网的触球不算作球队3次击球中的1次，拦网触球后该队还可以击球3次，拦网后可以由任何一名队员进行第一次击球，包括拦网时已经触球的队员。

4．犯规

拦网犯规主要有以下几种情况：过网拦网（对方完成进攻性击球前或同时），后排队员完成拦网（个人或参加集体拦网）；从标志杆外伸入对方空间拦网，拦对方发球；后排自由防守队员试图进行个人或参加集体拦网；拦网出界（球落对区界外、触及标志杆、触手出界）。

（八）进攻性击球

1．定义

直接击向对方的球（发球和拦网除外），球的整体通过球网直面或触及对方队员，则为完成进攻性击球。

2．进攻性击球的允许条件

前排队员，任何高度的球，本方场地空间，可进攻性击球；后排队员，进攻线后任何高度的球，进攻区内（触球时的一部分必须低于网上沿），可进攻性击球。

3．犯规

进攻性击球犯规主要有以下几种情况：过网击球；击球出界或触标志杆；扣发球（前场区、球整体高于网上沿）；后排队员在前场区完成进攻性击球，并且球的整体高于网上沿。

五、竞赛间断和延误

（一）正常的竞赛间断

1．暂停

每局每队最多暂停两次，每次30秒，可连续请求暂停或换人，队员必须退出竞赛场区，记录于记分表上。

2．技术暂停

用于国际排联世界性竞赛和国内大型竞赛（全国排球联赛、全国运动会或大型运动会等）。

3. 换人

每局每队最多6人次；在换人区内进行，运动员手举换人牌；每次请求可换多人次，并逐一替换；队员上下场次数位置必须合法；教练员不允许进行场外指导；记录在记分表上。

4. 换人请求方法

成死球时，裁判员鸣哨发球前可请求换人；只有教练员和场上队长有权请求；请求时必须出示法定手势。

5. 局间休息与交换场区局间休息

每次局间休息3分钟，从上一局裁判鸣哨比赛结束时开始到下一局裁判员鸣哨发球时止。局间的工作是交换场区和填写位置表。

6. 交换场区

每局比赛结束后，或决胜局某队获8分时（不休息，按原位置继续比赛），可交换场区。决胜局没能及时交换场区，应在此错误被发现时立即进行交换，保留交换场区时两队已得比分。

（二）不符合规定的请求（换人、暂停）

1. 内容

在比赛进行中请求，在裁判鸣哨发球同时或之后请求，无请求权的人请求，同一队未经比赛过程再次请求换人，超过规定正常间断次数的请求（如第3次暂停、第7人次换人），这些都属于不符合规定的请求。

2. 处理方法

首次拒绝不判罚；再次出现，则按延误比赛警告判罚。

（三）竞赛延误

1. 类型

换人延误时间、拖延暂停时间、请求不合法的替换、同一局中再次提出不符合规定的请求、场上队员拖延比赛等，都属于延误比赛的类型。

2. 引起延误的主要原因

暂停、换人、系鞋带、擦地板。

3. 延误判罚

延误比赛的判罚对全场比赛有效。在一场比赛中，对一个队成员的第一次延误比赛，给予"延误警告"。在一场比赛中，同一队的任何成员造成不论任何类型的第二次及其后的比赛延误，都会被给予"延误判罚"，失 1 分并由对方发球。

（四）例外的竞赛间断

（1）运动员受伤及处理，裁判员应立即中断比赛，该球重打。

（2）出现运动员受伤时，进行正常换人或特殊换人；否则应给 3 分钟休息时间（一队员全场一次）。不然，阵容将不完整。

（3）外因导致比赛间断（2 小时以内），若按原场地继续比赛，则保持原比分、原队员、原位置；若改换场地比赛，则保持该局开始时的阵容和位置，该局重新开始，保留已结束的各局比分。

（4）比赛间断 4 小时以上，全场比赛重新开始。

六、参加者的行为及不良行为的判罚

（一）行为要求

参加者的行为应符合体育道德，具体如下。

（1）了解并遵守规则。

（2）服从裁判员的判定，不得影响其判断或掩盖本队的犯规行为。

（3）对裁判员判断有疑问时，只能通过场上队长提请解释，不得持续询问，必要时按规则行使场上队长的合法权利。

（4）对工作人员、对方队员、本方队员及观众要尊重、有礼貌。

（5）比赛中，同队场上场下队员可以进行交流（指导、欢呼等）。

（6）比赛队的教练员、替补队员和其他人员应在各自规定的位置上。

（7）比赛中在准备活动区的运动员不能动球。

（二）不良行为及其判罚

（1）轻微的不良行为：对轻微的不良行为不进行判罚，但裁判员有责任用手势或口头方式通过场上队长给予警告。这种警告无须记在记分表上。

（2）给予判罚的不良行为：球队成员对裁判员、对方、同伴或观众的不良行为，按程度分为 3 类：①粗鲁行为，即违背道德准则，做出不文明举止，或有任何轻蔑的表示；②冒犯行为，即使用诽谤或侮辱的言语或形态；③侵犯行为，即人身攻击、侵犯或威吓行为。

（3）判罚等级：第一裁判员根据不良行为的程度，分别给予判罚。判罚出场或取消比赛资格的判罚，登记在记分表上。

（4）判罚：用于全场比赛中任何成员的粗鲁行为，判对方得分并发球。

（5）判罚出场：任何成员被判罚出场都必须坐在判罚区域内，不得继续参加该局的比赛，无其他的判罚。

（6）某成员第一次出现冒犯行为，判罚出场，无其他判罚；同一成员一场比赛中的第二次粗鲁行为，判罚出场，无其他判罚。

（7）取消比赛资格：任何成员被取消比赛资格必须离开比赛控制区域，不得继续参加该场的比赛，没有另外的判罚；某成员第一次出现侵犯行为，取消比赛资格，无其他判罚；同一成员一场比赛中的第二次冒犯行为，取消比赛资格，无其他判罚；同一成员一场比赛中的第三次粗鲁行为，取消比赛资格，无其他判罚。

（8）判罚的实施：不良行为的判罚是针对个人的，对全场比赛有效，记录在记分表上。同一成员在同一场比赛中重犯不良行为时，按判罚等级加一级判罚（该成员接受的判罚要重于前一次）；对冒犯行为或侵犯行为判罚出场或取消比赛资格，无须有先一次的判罚。

（三）红黄牌的使用

（1）警告：有两种不处罚的形式，即口头警告和出示黄牌。

（2）判罚：出示红牌。

（3）判罚出场：单手出示红牌＋黄牌。

（4）取消比赛资格：双手分别出示红牌＋黄牌。

（四）判罚程序

（1）第一裁判员在比赛成死球时立即鸣哨。

（2）招呼被罚运动员靠近裁判台。

（3）出示适当的红、黄牌，并用规范语言明示。

（4）对于场下队成员的不良行为的处罚，则通过场上队长传达。

（5）第二裁判员指示记录员在记分表上登记。

（6）若判罚等级未按规则执行，则由第二裁判员核实后通知第一裁判员，以便纠正其之前的决定。

（7）场下成员出现不良行为时，第一裁判员应召集队长并完成第（3）条的程序，同时指示队长通知被罚人员，必须站起来，举手接受这个判罚。

（8）任何成员被判罚出场都必须离开比赛场地（判罚出场），坐在判罚席内，不得继续参加该局的比赛，教练员失去指挥权力。

（9）取消比赛资格是指该成员必须离开比赛控制区域，不得继续参加该场比赛。

第二节　排球裁判法简介

一、裁判员赛前的比赛仪式

赛前 17 分钟裁判员检查球网的高度、松紧度、标志杆和标志带的位置。

赛前 16 分钟裁判员召集双方队长在记录台前选边。

赛前 15 分钟裁判员鸣哨双方做正式的准备活动。裁判员检查比赛必用的器材，并向辅助人员提出要求。

赛前 12 分钟裁判员向双方教练员收取位置表。

赛前 5 分钟双方停止准备活动，裁判员向技术代表请示比赛是否开始。

赛前 4 分钟裁判员带领全体队员上场，宣布比赛开始和奏国歌。

赛前 2.5 分钟介绍裁判员、比赛队、上场队员、自由防守队员和主教练。

赛前 0 分钟比赛开始，第一裁判员鸣哨发球。

二、裁判员的职责及工作程序

（一）裁判员的职责

1. 竞赛前

检查竞赛场地、球和其他器材，主持双方队长抽签，掌握两队的准备活动，检查记录台工作。

2. 竞赛中

对不良行为和延误进行判罚；判定犯规；监督记录员的工作；允许暂停，掌握暂停时间、各队暂停的次数，并将第 2 次暂停和第 4 次换人告知有关队，拒绝不合规定的请求，给予受伤队员恢复的时间；队员由网下穿越进入对方场区和空间干扰了对方，或球从过网区以外过网或触及障碍物，给予相应的判罚。

（二）记录员的职责

（1）在每局比赛前：记录员按照规定程序登记有关比赛和两队的情况，并取得双方队长和教练员的签字。

（2）在比赛中：记录员记录得分并校对记分牌上的比分是否正确；一局中每一队员首次发球时记录发球次序；通过展示相应发球队员的号码牌表明发球次序；记录员发现任何错误，应在发球击球后立即告知裁判员；记录暂停、换人次数并检查暂停、换人次数，之后告知裁判员；报告裁判员不符合规定的暂停和换人请求；每局比赛结束和决胜局 8 分交换场区时要通知裁判员；记录各种判罚；登记其他事件，如特殊替换、恢复时间、被拖延的间断、外因造成的间断等。

（3）比赛结束时：记录员登记最终结果，自己在记录表上签字后，取得双方队长、裁判员的签字；如果有提出抗议的情况，自己或允许相关队长将有关抗议的问题写在记录表上。

三、裁判人员的工作程序

（1）在比赛中只有裁判员可以鸣哨：裁判员鸣哨发球，开始比赛；裁判员确认犯规发生并判断其性质，鸣哨中断比赛。

（2）在比赛中断期间，裁判员可以鸣哨表示同意或拒绝某队的请求。

（3）裁判员鸣哨中止比赛后，应立即以法定手势表明：应发球的队、犯规的性质、犯规的队员（如果必要）等。

四、裁判员的法定手势

（一）发球一方

一手侧平举，举向将要发球的一方（见图 8-4）。

图 8-4　示意发球一方的手势

（二）允许发球

摆动发球队一侧的手臂（见图8-5）。

图 8-5　允许发球的手势

（三）交换场地

两臂在体前体后绕体旋转（见图8-6）。

图 8-6　交换场地手势

（四）暂停

一臂屈肘抬起，另一只手放在该手手指上（见图8-7）。

每局每队可以请求两次暂停，每次30秒。暂停时队员必须离开场区，到球队席附近的无障碍区。

图 8-7　暂停手势

（五）换人

两臂屈肘，在体前绕环（见图8-8）。

图 8-8　换人手势

（六）延误判罚

一手持黄牌，触及另一只手手腕（见图8-9）。

图 8-9　延误判罚手势

延误比赛的行为包括以下几种情况：换人延误时间；裁判员鸣哨恢复比赛后，仍拖延暂停时间；请求不合法的替换；在同一局中再次提出不适合的请求；场上队员拖延比赛的继续进行等。

（七）判罚出场

一手持红牌是判罚出场（见图8-10）。

图 8-10　判罚出场手势

对同一场中同一队员重犯"粗鲁行为"或第一次"冒犯行为"，要给予判罚出场的判处。

（八）取消比赛资格

一手持红、黄牌是取消比赛资格（见图8-11）。

图8-11　取消比赛资格手势

对同一场比赛中同一队员重犯"冒犯行为"或第一次"侵犯行为"，要给以红、黄牌判罚取消比赛资格。被判罚的队员要离开比赛场地和球队席。

（九）一局或全场比赛结束

两手在胸前交叉（见图8-12）。

图8-12　一场或全场比赛结束手势

（十）发球时球未抛起

一手平举，掌心向上，上下摆动（见图8-13）。

图8-13　发球时球未抛起犯规手势

发球队员将球抛起后，在球落地前用一只手臂将球击出。如果没有将球抛起，则判犯规。身体的其他部位触球亦为犯规。

（十一）发球延误

举起 8 个手指并分开（见图 8-14）。

图 8-14　发球延误犯规手势

发球队员应在第一裁判员鸣哨允许发球后的 8 秒内将球发出，否则被视为"发球延误"。

（十二）掩护或拦网犯规

两臂上举，掌心向前（见图 8-15）。

图 8-15　掩护或拦网犯规手势

（十三）位置或轮转错误

一手指在体前水平绕环（见图 8-16）。

图 8-16 位置或轮转错误手势

在发球队员击球时，其余的队员在各自场区内分两排站立，每排 3 名队员，各排可以站成折线形。队员的位置应以脚的着地部分来判断。

（十四）界内球

整个手臂和手斜指向地面（见图 8-17）。

图 8-17 界内球手势

（十五）界外球

两臂屈肘上举，手掌向后摆动（见图 8-18）。

图 8-18 界外球手势

（十六）持球

一臂屈肘慢慢举起，掌心向上（见图8-19）。队员没有将球击出，造成接住或抛出，应判为持球犯规。

图8-19　持球犯规球手势

（十七）连击

一臂屈肘举起，伸出两个手指（见图8-20）。

图8-20　连击犯规手势

一名队员不能连续击球两次（除拦网外）。连续击球或被球触及是连击犯规。连续的意思是两次触球有先后，而且中间没有其他人触球。球可以触及身体的不同部位，但必须是同时。

（十八）4次击球

一臂屈肘举起，伸出4个手指（见图8-21）。

图 8-21　4次击球犯规手势

每个队最多击球3次（除拦网外），将球从网上击回对方。无论是队员主动击球，还是被球触及，都算是该队击球一次。出现第4次击球，应判为4次击球犯规。

（十九）发球未过网和队员触网

一手触网顶或触犯规一侧的球网（见图8-22）。

图 8-22　发球未过网和队员触网犯规手势

（二十）过网击球

一手掌心向下，前臂放置在网上（见图8-23）。

图 8-23　过网击球犯规手势

（二十一）后排队员进攻性击球犯规

一臂向上举起，前臂向下摆动（见图 8-24）。

图 8-24　后排队员进攻性击球犯规手势

后排队员在前场区完成进攻性击球，而且击球时球的整体高于球网上沿，应判为后排队员进攻性击球犯规。

所谓"在前场区"，是指站在前场区或踏及前场区起跳（包括边线外的延长部分）。"完成进攻性击球"，是指球的整体越过球网垂直面，或者触及对方队员，以及球的整体高于球网上沿。只有这 3 个条件同时存在，才能被认为是后排队员进攻性击球犯规。

（二十二）进入对方场区或球从网下通过

手指指向中线（见图 8-25）。

图 8-25　进入对方场区或球从网下通过犯规手势

（二十三）双方犯规

两臂屈肘举起，竖起拇指（见图 8-26）。

图 8-26　双方犯规手势

如果双方队员同时犯规，则判为双方犯规。该球成死球，由原来发球队员重新发球。

（二十四）触手出界

一臂屈肘抬起，手指向上，掌心向后，另一只手摩擦其手指（见图 8-27）。

图 8-27　触手出界犯规手势

第九章　排球竞赛组织与编排

第一节　排球竞赛概述

一、排球竞赛的概念

排球竞赛是两队运动员在由球网分开的场地上进行比赛的集体项目；比赛的目的是对抗的两队遵照规则将球击过球网，使其落在对方场区的地面上，而防止球落在本方场区的地面上。比赛由发球开始，发球队员击球使球从网上飞至对方场区。比赛由此连续进行，直至球落地、出界或某一队不能合法将球击回。

以上是国际排联修订的《排球竞赛规则（2017—2020）》中对排球竞赛的描述。

二、排球竞赛组成要素

排球竞赛主要由以下几个要素组成。

（1）参赛者：即双方运动员。

（2）竞赛场所：即由球网分开的场地。

（3）竞赛目的：即通过对抗而得分。

（4）竞赛限制条件：即遵照规则进行比赛。

三、排球竞赛的种类

根据竞赛的目的、任务不同，排球竞赛可分为锦标赛、杯赛、邀请赛、表演赛、友谊赛等。

第二节 排球竞赛组织

一、竞赛前的准备工作

（一）成立组织机构

成立竞赛组织委员会。根据竞赛规程，确定竞赛的规模，制订工作计划，配备部门工作人员，明确其分工，并在组织委员会的领导下紧密结合，协调地进行工作。正式排球竞赛的组织机构如图 9-1 所示。

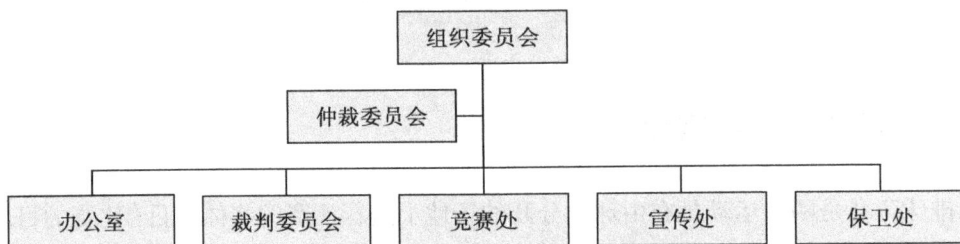

图 9-1 排球竞赛组织机构

基层单位或学校组织的一般性规模较小的排球比赛可根据具体情况简化组织机构，主要目的是保证比赛的顺利进行，可分为以下相关部门。

1. 办公室

负责大会的行政工作，如秘书、会议、联络、接待、食宿、借调人员等工作。

2. 竞赛组

负责大会的竞赛工作，如编排比赛日程、编印秩序册并及时发到有关单位、印制竞赛用的各种表格、安排各参赛队赛前对竞赛场地的适应性练习、公布竞赛成绩等。

3. 裁判组

组织裁判员和辅助裁判员的业务学习和实习，裁判委员会主任检查场地和器材的落实情况，在裁判委员会、教练员联席会议上通报竞赛中有关执行规则的要求等。

4. 场地器材组

负责场地、器材、设备等准备工作，保证竞赛的顺利进行。

5. 仲裁委员会

负责监督和保证竞赛规程和规则的正确执行。复审裁判员在竞赛期间处理执行规则和规程中发生的纠纷。

（二）制定竞赛相关文件

1．竞赛规程

竞赛规程是竞赛组织者和参加者的指导性文件，在竞赛前由主办单位根据竞赛的目的和任务制定，并提前发放给有关单位，以便做好赛前的准备工作。竞赛规程是竞赛工作及报名参赛的依据，有关竞赛的各项规定、要求和办法必须明确写入规程。一般包括以下内容。

排球竞赛规程示例

（1）名称：如"排球锦标赛""××杯排球赛"等。

（2）目的和任务：根据此次竞赛的总要求而定，如检查、总结教学训练工作，提高排球技术水平，选拔排球代表队等。

（3）主办单位：如由××市教委和市体育主管部门联合举办等。

（4）比赛的组别：根据比赛的目的任务确定比赛的组别。如男子组、女子组、少年组、成年组等。

（5）比赛的日期和地点：根据比赛所采用的制度、参赛的队数，定出预赛、决赛的日期。在决定日期和地点时，应考虑气候、住宿、交通工具、比赛场地设备等条件。

（6）竞赛办法和采用的规则：指确定比赛的方法，提出确定名次的办法，以及积分相等时解决不同名次的方法等，应明确规定所采用的规则。

（7）参赛方法：应明确每支参赛报名队伍的人数限制、名额分配方式、报名手续、报名日期和地点（单位），以及参赛单位的经费负担、工作人员的组织与人数规定等。

（8）奖励办法：规定对集体和个人的奖励办法，如对前三名优胜队和个人技术最佳队员的奖励政策等。

（9）有关注意事项的规定：如对服装的颜色、套数、号码的规格，以及位置和携带物品等的规定。

2．适用的规则及裁判法

明确本次（届）比赛所采用的规则版本，并就一些重点问题进行详细阐述，形成正式书面文件后分别在技术会议及赛前裁判培训会议上进行讲解。

3．工作计划

各处（组）根据职责范围，分头制订工作计划，经组委会审定后，按期落实，并定期检查工作情况。各处（组）间，既要分工明确，又要协调配合。

4．竞赛秩序册

竞赛处（组）根据竞赛规程规定和报名队的具体情况编排比赛日程，编印竞赛秩序册。竞赛秩序册应包括以下内容。

（1）竞赛组委会主要部门联系人及联系方式。

（2）竞赛管理委员会及其所属的裁判委员会、仲裁委员会成员名单。

（3）各参赛队人员名单，包括领队、主教练、助理教练、队医及所有的运动员及其号码，队长和自由人需特别标明。

（4）训练日程，即参赛队在赛前和赛中进行单独训练的安排，要尽量做到每一支参赛队在不同场地、不同时间进行训练的机会均等。

（5）竞赛日程，包括竞赛轮次、日期、组别、时间、场地、参赛队和服装颜色等信息。

（三）准备工作的组织流程

（1）制定竞赛规程和报名单。

（2）进行经费预算，经审批后，下拨经费。

（3）借用或维修比赛场地、器材，借调有关人员。

（4）向当地党政部门领导汇报准备工作情况，组织大会组委会。

（5）接受单位报名，审定报名资格。

（6）确定竞赛日程安排。

（7）联系食宿、交通工具。

（8）聘请裁判员并进行裁判员培训。

（9）编制秩序册。

（10）召开新闻发布会及各种社会宣传。

（11）接待运动员报到、安排住宿、用餐、练习场地时间安排。

（12）召开组委会或竞赛委员会首次会议。

二、竞赛期间的工作

竞赛期间的工作按时间节点可以划分为开幕式、比赛和闭幕式 3 个阶段。

（一）开幕式

排球竞赛应十分重视开幕和闭幕式的礼仪，尽可能邀请有声望的贵宾参加，以扩大竞赛的影响，这不仅可以提高体育竞赛的规格，增强体育在社会生活中的地位，还可以对运动员产生良好的心理影响。因此，开幕式既要开得热烈隆重、庄严而主题

156

明确，又要注意节俭，不铺张浪费。

开幕式的程序可根据比赛的特点和特定的环境自行拟定，一般可包括以下几个步骤。

（1）主持人宣布大会开始。

（2）介绍出席大会的主要领导和贵宾。

（3）裁判员、运动员入场。

（4）升国旗、奏国歌。

（5）领导致开幕词。

（6）裁判员代表宣誓。

（7）运动员代表宣誓。

（8）裁判员、运动员退场。

（9）文体表演开始。

开幕式既要气氛热烈，又要节奏紧凑，讲话要简短精练，各种表演也不宜冗长，以免使运动员消耗过多体力。

（二）比赛阶段

这是比赛的主要阶段，各职能部的工作班子要全面进入工作状态。竞赛组的工作极其繁重，其他各组要协调配合，以竞赛为中心，服从并服务于竞赛工作，防止比赛出现脱节、漏洞和差错。比赛主要组织管理人员要严格掌握比赛进度，注意协调各方面的工作，遇到问题应及时召集碰头会、办公会或组委会会议。在比赛期间的组织管理上，要以果断、及时、准确为原则，对有些问题要严格保密，防止事态扩大。一般在比赛的第一天、赛程过半和决赛即将结束的当天均要召开有关会议，听取汇报，开幕式和闭幕式前均需召开一次领队会，部署有关工作。

（三）闭幕式

它是将比赛推向高潮的重要仪式，常常和颁奖仪式结合进行，其一般程序如下。

（1）运动队入场。

（2）裁判长宣布比赛成绩。

（3）颁奖。

（4）领导致闭幕词。

（5）演出或其他欢庆形式。

三、竞赛结束后的工作

（1）核算比赛成绩、排出名次（闭幕式前）。

（2）印发成绩册。

（3）办理各队离开赛区的各种手续。

（4）归还借用的物资和体育器材。

（5）财务结算。

（6）申报等级运动员。

（7）进行工作总结。

第三节　排球竞赛制度与编排

竞赛制度是参赛队间如何进行比赛的方法。选择和确定竞赛的方法，应根据不同的竞赛目的、任务、竞赛时间的长短、参赛队的多少，以及场地、器材、设备等情况来选定具体的竞赛制度。竞赛制度一般有循环制、淘汰制和混合制 3 种。排球竞赛一般采用循环制，循环制又分为单循环、双循环和分组循环 3 种。这里主要介绍单循环和分组循环两种竞赛制度。

一、单循环

单循环是指所有参赛队都要互相比赛一次，最后按照全部比赛过程中胜负场数和得分多少排列名次。一般在比赛队数不多而竞争时间较长时采用。

（一）比赛的轮次计算

参加比赛的队为单数时，轮次即等于队数，如 7 个队参加比赛，比赛就要进行 7 轮。

参加比赛的队为双数时，轮次等于队数减 1，如 10 个队参加比赛，比赛的轮次为 10 － 1=9 轮。

（二）比赛的场数计算

比赛的场数可按下列公式进行计算。

$$\frac{队数 \times (队数 - 1)}{2} = 比赛场数$$

如有 8 个队参加比赛，比赛的场数为

$$\frac{8 \times (8 - 1)}{2} = 28 \ 场$$

由此可算出 8 个队进行比赛需打 7 轮 28 场比赛。

（三）编排竞赛的轮次表

1. 固定左上角逆时针循环编排法

先用号数代表各参赛队，然后将参赛队数平均分为两半，前一半由 1 号开始自上而下写在左边，后一半的号数自下而上写在右边。然后用一条横线把相对的号数连起来就是第一轮的比赛安排。第二轮以后的竞赛轮次按以下方法：即左边第一号固定不动，每一轮其他几个号位要逆时针转一个位置，再用横线把相对的号位分别连起来就成为每轮次的竞赛表。如果参赛队是奇数，可以用"0"来代替一个队，使参赛队变成偶数后再进行编排，凡与"0"号相连的队即为该队轮空。

例如，6 个队参加竞赛，其循环方法如表 9-1 所示。

表 9-1　6 个参赛队的循环方法

第一轮	第二轮	第三轮	第四轮	第五轮
①—6	①—5	①—4	①—3	①—2
2—5	6—4	5—3	4—2	3—6
3—4	2—3	6—2	5—6	4—5

再如，5 个队参加竞赛，其循环方法如表 9-2 所示。

表 9-2　5 个参赛队的循环方法

第一轮	第二轮	第三轮	第四轮	第五轮
①—0	①—5	①—4	①—3	①—2
2—5	0—4	5—3	4—2	3—0
3—4	2—3	0—2	5—0	4—5

2. 贝格尔编排法

1985 年以后，国际排联经常采用贝格尔编排法编排比赛轮次表，国际排联所举办的世界排球锦标赛、世界杯排球赛、奥运会排球赛及世界青年排球锦标赛经常采用贝格尔编排法。采用贝格尔编排法编排时，把参赛队一分为二，如果参赛队是奇数，用

"0"来代替一个队，使参赛队变成偶数后再进行编排，第一轮的编排方法与"固定左上角逆时针循环编排法"的第一轮相同；第二轮以后，以8个队向左摆动，在第一轮中右下角的5号队向上移与⑧对应，其余各号队分别逆时针移动3个位置，各轮依次类推。贝格尔编排法可用以下几句话概括：单循环方法排列第一轮，最大号数（尾数号或0）左右摆，右下号数提上来（列第一排），其他各队逆时针方向依次跟上来。

例如，8个参赛队的轮次表如表9-3所示。

表9-3　8个参赛队的轮次表

第一轮	第二轮	第三轮	第四轮	第五轮	第六轮	第七轮
1—⑧	⑧—5	2—⑧	⑧—6	3—⑧	⑧—7	4—⑧
2—7	6—4	3—1	7—5	4—2	1—6	5—3
3—6	7—3	4—7	1—4	5—1	2—5	6—2
4—5	1—2	5—6	2—3	6—7	3—4	7—1

抽签排好轮次表后，备好签名，进行抽签，然后按抽签的号数填入轮次表中。

编排竞赛日程表按照抽签后排定的轮次表，列表安排竞赛日期、竞赛时间、竞赛场地和竞赛队。编排时必须使各队场地安排、两次比赛之间的休息时间、白天和晚上的次数尽量均等。比赛日程表需要经过反复核对，各种条件基本相同后再印发给各参赛队。

二、分组循环

分组循环就是将参赛队分成若干组，分别进行单循环的比赛。在小组名次排定后，再进行第二阶段的比赛。一般是在参赛队数较多而竞赛期限较短时采用。其编排方法如下。

（一）分组方法

根据参赛队数和竞赛场地的数量确定所分组数，分组的方法有以下两种。

根据上届比赛各队所得名次，采用蛇形排列法进行分组。如16个队分为4组，其排列方法为如表9-4所示。

表9-4　蛇形排列分组法

第一组	第二组	第三组	第四组
1	2	3	4
8	7	6	5
9	10	11	12
16	15	14	13

根据过去的成绩和现在发展的情况，经协商确定种子队。被确定的种子队先用抽

签的方法安排在各组内，以免较强的队集中在一个小组，然后其他各队再进行抽签确定各自所在的组。安排种子队要遵循以下原则。

种子队的个数等于分组数，也可以是组数的倍数，如16个队参赛分成4个组进行比赛，可确定8个种子队，并将其按表9-5的方法编成小组。

表9-5　种子队分组法

第一组	第二组	第三组	第四组
1	2	3	4
8	7	6	5

（二）决赛阶段（第二阶段）的比赛方法

（1）将预算各小组同名次的队划为一组，继续采用单循环的方法进行比赛。以分4组比赛为例，由各小组第一名组成的组决定1～4名，各小组第二名组成的组决定5～8名，各小组第三名组成的组决定9～12名，各小组第四名组成的组决定13～16名。

（2）将预赛各组的1、2名划为一组，决定1～8名；将预赛各组的3～4名划为一组，决定9～16名。该阶段两组仍然采用单循环制的比赛方法。

（3）如果因竞赛时间限制，可将预赛中各组的前两名划为一组，用单循环的方法进行决赛决定1～8名，其他队不再继续比赛。也可规定凡在预赛中相遇的队，如在决赛中再相遇则不再比赛，按两队在预赛中的成绩计分决定成绩。

三、循环制的成绩计算方法

（一）计分方法

一般循环制计分方法是胜一场得两分，负一场得一分，弃权取消全部比赛成绩，积分多者名次列前。

（二）决定名次的方法

根据规定的计分方法，将每场比赛的得分记录下来，全部比赛结束时按各队在比赛中积分多少决定名次，积分多者名次列前。

如遇两队或两队以上积分相等时，则采用以下方法决定名次：Z值高者名次列前。计算公式如下

$$\frac{X（总得分数）}{Y（总失分数）} = Z\ 值$$

如 Z 值仍相等时则采用 C 值高者名次列前。

$$\frac{A（胜局总数）}{B（负局总数）} = C\ 值$$

Z 值与 C 值是以该队在此全部比赛中的总得分数与总失分数、胜局总数与负局总数的比值来计算的。

循环制的成绩计算方法示例参见表 9-6。

表 9-6　浙江省大学生排球联赛女子甲组（B组）比赛成绩

学院	浙大城市学院	嘉兴学院	浙江农林大学	浙江树人学院	宁波诺丁汉大学	积分	Z值	C值	名次
浙大城市学院	★	$\frac{1:2}{1}$ 62:63	$\frac{2:0}{2}$ 50:23	$\frac{2:0}{2}$ 50:29	$\frac{2:0}{2}$ 50:26	7	1.52		1
嘉兴学院	$\frac{2:1}{2}$ 63:62	★	$\frac{2:1}{2}$ 56:56	$\frac{2:1}{2}$ 61:57	$\frac{0:2}{1}$ 40:51	7	0.96		2
浙江农林大学	$\frac{0:2}{1}$ 23:50	$\frac{1:2}{1}$ 56:56	★	$\frac{2:0}{2}$ 50:44	$\frac{2:0}{2}$ 50:32	6	—		3
浙江树人学院	$\frac{0:2}{1}$ 29:50	$\frac{1:2}{1}$ 57:61	$\frac{0:2}{1}$ 44:50	★	$\frac{2:0}{2}$ 50:38	5	0.90		4
宁波诺丁汉大学	$\frac{0:2}{1}$ 26:50	$\frac{2:0}{2}$ 51:40	$\frac{0:2}{1}$ 32:50	$\frac{0:2}{1}$ 38:50	★	5	0.77		5

第十章　其他排球运动形式简介

第一节　气排球

一、气排球的起源与发展

气排球竞赛是两队在由球网分开的场地上进行竞赛的集体项目。它可以有多种竞赛方法，以适应各种不同性质竞赛的需求。竞赛的目的，是各队遵照规则，将球击过球网，使其落在对方场区的地面上，而阻止落在本方场区的地面上。竞赛由发球开始，发球队员击球使其从网上规定的过网区飞至对方区域。竞赛由此连续进行，直至球落地、出界或某一队不能合法地将球击回。

气排球是我国土生土长的一项群众性排球活动。1984年，呼和浩特铁路局为了开展老年人体育活动，在没有规则限制的情况下，组织离退休职工用气球在排球场上进行游戏。在此游戏的基础上，组织者参照6人制排球竞赛规则制定了简单的规则，并将这种活动形式取名为气排球。1991年，在北京举行的全国铁路老年体育工作会议决定在全国铁路退休老年人中推广气排球活动。中国火车头老年体育协会依据排球规则，编写了第一本《气排球竞赛规则》，并在上海特制了竞赛用球。1992年3月，在石家庄举办了第一期全国铁路气排球学习班。同年11月，在武汉举行了首届全国铁路老年人气排球竞赛，共有7支男队和6支女队参加比赛。1993年3月，火车头老年人气排球协会在北京正式成立。同年7月，全国铁路第二届老年人气排球赛分别在齐齐哈尔市和锦州市举行。与普通排球竞赛相比，气排球竞赛由于对运动的技巧性要求降低，竞赛中球的飞行速度减慢，来回球的次数增加，击球花样增多，使得初学者对球的恐惧感消失，因而大大提高了气排球竞赛的趣味性、吸引力和可观赏性，尤其适合老年人健身和少年儿童娱乐的需要。

二、气排球的场地器材与主要规则

（一）竞赛场地与器材

1. 竞赛场地

竞赛场地包括竞赛场区、无障碍区和无障碍空间。比赛场区为长 12 米、宽 6 米的长方形。其四周至少有 2～3 米宽的无障碍区，从地面向上至少有 7 米高的无障碍空间。场地上的线宽 5 厘米，其颜色须区别于场地颜色。两条边线和端线划定了竞赛场区，边线和端线都包括在竞赛场区面积之内。中线将竞赛场区分为长 6 米、宽 6 米的两个相等的场区。每个场区各画一条距离中线 2 米的进攻线。进攻线（包括进攻线的宽度）前为前场区，进攻线与端线之间的区域构成为后场区。端线后两条边线的延长线上各画一条长 15 厘米，垂直并距离端线 20 厘米的短线，两条短线（包括短线宽度）之间的区域为发球区，发球区深度延至无障碍区的终端。在距端线后 1 米处画一条平行于端线且与端线长度相等的平行线，此为跳发球限制线，跳发球必须在该线后完成起跳动作（见图 10-1）。

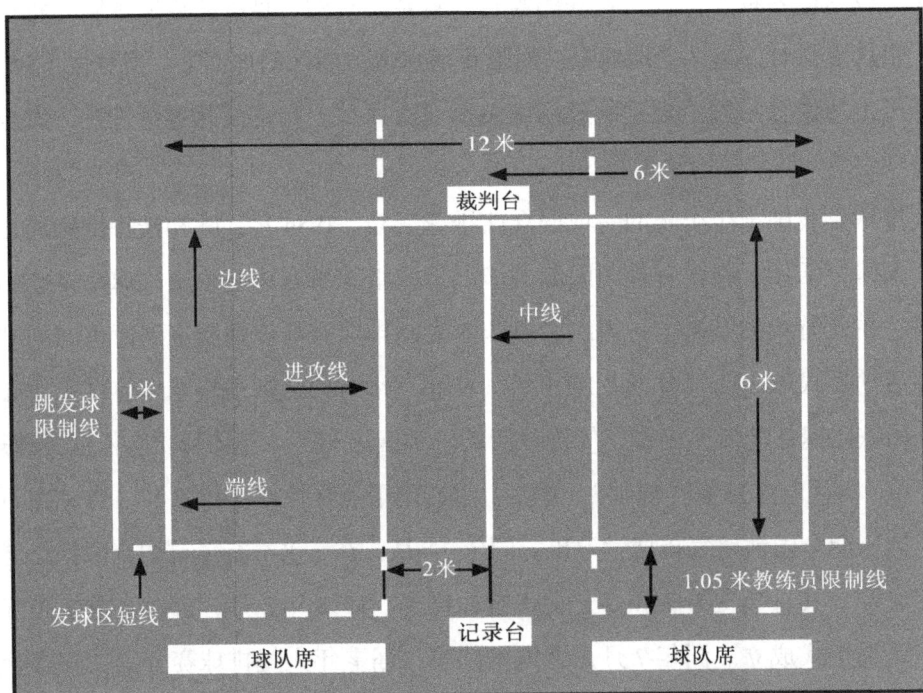

图 10-1 气排球竞赛场地

2. 球网

球网架设在垂直地面的中线上空。球网为黑色，网的上沿缝有 5 厘米宽的双层白色帆布。球网的两端各系一条宽 5 厘米、长 0.8 米的标志带，垂直于边线。在两条标志带外沿、球网的不同侧面，分别设置长 1.8 米的标志杆，高出球网 1 米。

男子球网高度 2.1 米、女子球网高 1.9 米。

3．球

球为圆形，颜色为彩色。圆周为 72 ～ 78 厘米，重量为 120 ～ 140 克，气压为 0.15 ～ 0.18 千克 / 厘米 ^{2}。一次竞赛所用的球必须是同一特性、同一品牌的球。

（二）主要竞赛规则

球队由 10 人组成，其中有 1 名领队，1 名教练员，8 名运动员；领队、教练员可兼运动员。

队员所穿运动鞋必须是没有后跟的柔软轻便的胶底鞋，不允许佩带任何易造成伤害的饰物。

气排球竞赛方式采用每球得分和三局两胜制，胜两局的队为胜一场。如果出现 1∶1 平局时，进行决胜局（第三局）的比赛。第 1、2 局先得 21 分同时超过对方 2 分为胜一局。决胜局，先得 15 分同时超过对方 2 分的队获胜。决胜局 8 分时双方队员交换场地，比赛按照交换时的阵容继续进行。

比赛开始前和决胜局开始前，抽签获胜者选择其中一类：① 发球或接发球；② 场区。另一方可挑选余下部分。

每队场上必须始终保持 5 名或 4 名队员的比赛开始阵容。队员的轮转次序应按位置表登记的顺序进行。

队员位置因四人制比赛和五人制比赛而有所区别。四人制比赛队员位置：靠近球网 2 号位（右）、3 号位（左）两名队员为前排队员，另外两名队员 1 号位（右）、4 号位（左）为后排队员。1 号位队员与 2 号位队员同列，3 号位队员与 4 号位队员同列。五人制比赛队员位置：靠近球网 2 号位（右）、3 号位（中）、4 号位（左）三名队员为前排队员，另外两名队员 1 号位（右）、5 号位（左）为后排队员。1 号位队员与 2 号位队员同列，4 号位队员与 5 号位队员同列。五人制前排 3 号位队员与后排队员没有站位位置关系。

当发球队员击球时，队员应在其正确位置上，否则构成位置错误犯规（队员站位是否错误应根据其脚的着地部位判定）发球击球后，队员可以在本场区和无障碍区的任何位置。

某队得 1 分，同时得发球权后，所有队员必须按顺时针方向轮转一个位置；如某队因对方被判罚而得 1 分，本方所得该分后也必须轮转一个位置，原该轮的发球队员不再发球，轮转到下一轮发球队员发球。

每队最多击球 3 次，拦网触球不算作球队 3 次击球中的一次击球。

一名队员不得连续击球两次，击球时（包括第一、二、三次击球），允许身体不同部位在一个动作中连续触球。

队员的一只（两只）脚部分越过中线触及对方场区的同时，其余部分接触中线或置于中线上空是允许的，队员除脚以外，身体任何其他部位触及对方场区为犯规。

在不干扰对方比赛的情况下，队员可以穿越进入对方的无障碍区，但不得击球。

队员触网即犯规，比赛过程中在任何情况下都不得触网。

第一局和决胜局由抽签选定发球权的队首先发球。第二局由前一局未首先发球的队发球。

队员发球的次序按位置表上的顺序进行。 一局中首先发球之后，队员按下列规定进行发球：当胜一球时，必须轮转发球，由前排右（2 号位）队员轮换至 1 号位发球。

球被抛起或持球手撤离后，必须在球落地前，用一只手或手臂将球击出。跳发球起跳时，脚不得踏及或超越跳发球限制线。发球队员必须在第一裁判员鸣哨后 8 秒钟内将球击出。发球队员将球抛起，未触及发球队员而落地，允许再次发球，时间连续计算在 8 秒钟内。

除发球和拦网外，所有直接击向对方的球都是进攻性击球。吊球是允许的，但击球必须清晰并不得接住或抛出。

进攻线后（后场区），队员可以对任何高度的球完成进攻性击球，但击球起跳时脚不得踏及或越过进攻线；队员可以在进攻线前（前场区）完成进攻性击球，但球的飞行轨迹必须高于击球点，有明显向上的弧度过网进入对方场区。

接发球队队员不能对在本场区内高于球网上沿的对方发球完成进攻性击球。

只有前排队员可以完成拦网。允许拦网队员的手过网拦网，但不得干扰对方击球。过网拦网的触球必须在对方进攻性击球之后；在对方进攻性击球同时或之前拦网触球均为犯规。

拦网后可以由任何一名队员进行第一次击球，包括拦网时已经触球的队员。

正常的比赛间断有暂停和换人。每局比赛中，每队最多请求两次暂停（每次暂停时间为 30 秒）和 4 人次（四人制）或 5 人次（五人制）换人，所换队员不受位置限制。

一次或两次暂停与双方的各一次换人相连续，中间无须经过比赛过程。同一队未经过比赛过程不得连续提出换人请求。但在同一次换人请求中可以替换 1 人或多人。

某一队员受伤或生病不能继续比赛时，必须进行合法的换人。如果不能进行合法的换人时，可采用超出规则限制的"特殊换人"。特殊换人时，场外的任何队员，都可以替换受伤队员，但受伤队员不可在本场比赛中再次上场比赛。特殊换人不作为换人的次数计算。

同一场比赛中再次提出不符合规定的请求应判延误比赛。对延误比赛的判罚有"延误警告"和"延误判罚"，是对全队的延误比赛的判罚。延误比赛的判罚对全场比赛有效。

比赛中出现严重伤害事故，裁判员应立即中断比赛，允许医务人员进入场地。该球重新比赛。如受伤队员不能进行合法替换和特殊替换，则给予受伤队员5分钟的恢复时间。一场比赛中同一队员只能给予一次恢复的时间。5分钟后仍不能进行比赛，则该队被宣布阵容不完整。

比赛中出现任何外界干扰，都应停止比赛，该球重新进行。任何意外的情况阻碍比赛间断时间累计不超过2小时，如仍在原场地进行，间断的一局应保持原有状态。如在另外场地进行，则间断的一局应取消，其余保持原有状态。超过2小时，则全场比赛重新开始。

第一局结束后，两队交换场区。决胜局中某队获得8分时，两队交换场区，不休息，队员在原来的位置继续比赛。

对比赛中的不良行为，根据程度不同分别予以不同程度的处罚。不良行为的判罚是针对个人的，全场比赛有效。场上队员被取消该局或该场比赛资格，必须立即进行合法的替换，否则宣布该队阵容不完整。

三、气排球与室内六人制排球的主要差异

气排球与室内六人制排球的主要差异如表10-1所示。

表 10-1　气排球与室内六人制排球的主要差异

内容	六人制排球	气排球
竞赛场地	比赛场区为 18 米 ×9 米 无障碍区至少 3 米	比赛场区为 12 米 ×6 米 无障碍区至少 2～3 米
进攻线	距中线 3 米	距中线 2 米
跳发球限制线	无	距端线后 1 米处有一条平行于端线且与端线长度相等的跳发球限制线
网高	男子 2.43 米、女子 2.24 米	男子 2.1 米、女子 1.9 米
球	圆周：65 ～ 67 厘米 重量：260 ～ 280 克 气压：0.300 ～ 0.325 千克 / 厘米^2	圆周：72 ～ 78 厘米 重量：120 ～ 140 克 气压：0.150 ～ 0.180 千克 / 厘米^2
队的组成	最多 12 名队员	由 10 人组成，包括 8 名队员

续表

内容	六人制排球	气排球
竞赛方法	采用五局三胜制，每局（除决胜局外）先得25分同时超对方2分为胜一局，决胜局先得15分同时超过对方2分的队获胜	采用三局两胜制，每局（除决胜局外）先得21分同时超过对方2分为胜一局，决胜局先得15分同时超过对方2分的队获胜
开始阵容	每队必须始终保持6名队员	每队必须始终保持5名队员（五人制比赛）或4名队员（四人制比赛）
位置关系	3号位与6号位队员有前后排位置关系	五人制比赛3号位与后排队员没有站位位置关系
击球性质	在第1次击球时，允许身体不同部位在一个动作中连续触球	击球时（包括第1、2、3次击球），允许身体不同部位在一个动作中连续触球
网下穿越	队员脚以上的身体任何其他部位触及对方场区是允许的，但不得干扰对方比赛	队员除脚以外，身体任何其他部位触及对方场区为犯规
发球次序	发球队胜1球时，原发球队员继续发球；接发球队胜1球时，获发球权并轮转	一局中首先发球之后，当胜一球时，必须轮转发球
发球执行	必须在允许发球后8秒钟内将球发出，球只能被抛起或撒离1次；发球时不得踏及场区和发球区以外的地面	球被抛起，未触及发球队员而落地，可在8秒内再次发球；跳发球起跳时，脚不得踏及或超越跳发球限制线
进攻性击球	接发球队员不得在前场区内对高于球网上沿的对方发球完成进攻性击球	接发球队队员不能对在本场区内高于球网上沿的对方发球完成进攻性击球
间断	每局每队最多两次暂停和6人次换人。正式比赛，第1～4局，领先队达到8分和16分时另有为时60秒的技术暂停。决胜局没有技术暂停，每队可请求两次各30秒的暂停	每局每队最多两次暂停，4人次（四人制）或5人次（五人制）换人
球队击球	前排队员可以对任何高度的球完成进攻性击球，后排队员的进攻性击球有所限制；允许吊球	队员在后场区对任何高度的球完成进攻性击球，起跳时脚不得踏及或越过进攻线；队员在前场区完成进攻性击球时，球的飞行轨迹必须高于击球点
被拖延的间断	任何意外阻碍比赛继续进行时，累计超过4小时，全场比赛重新开始	任何意外阻碍比赛继续进行时，累计超过2小时，全场比赛重新开始

第二节　软式排球

一、软式排球的起源与发展

　　软式排球的发展历史并不长，它于 20 世纪 80 年代初诞生于日本的山梨县，开始只是作为家庭成员和中老年人健身、娱乐的体育活动项目，随后流传到日本其他地方。1994 年 10 月，日本派出了 30 人的软式排球运动代表团对美国进行访问，并由此开始广泛地向世界各地传播、推广软式排球运动，软式排球运动开始在全世界范围开展。

　　1995 年 8 月，北京体育大学利用从日本购回的软式排球在全校教职工中举办了我国历史上首届软式排球比赛。1996 年，国家体委正式颁布了我国第一部《软式排球竞赛规则》并正式决定大力开展沙滩排球和软式排球活动，以吸引广大青少年投入其中。1999 年 10 月，国家体育总局排球运动管理中心成立了"全国软式排球推广领导小组"，该领导小组的成立标志着中国软式排球运动开始进入了有组织、有计划的发展阶段。2000 年以来，在中国排球协会的大力倡导和组织、教育部门的积极支持及企业界的努力参与下，软式排球运动在我国，特别是在大、中、小学及社会团体中得到了有计划、有组织的开展，并举办了多种层次的培训班和竞赛活动。

二、软式排球的场地器材与主要规则

（一）竞赛场地与器材

1．竞赛场地

　　竞赛场地包括竞赛场区、无障碍区和无障碍空间。竞赛场区因赛制不同而不同：A 制竞赛场区为长 16 米、宽 9 米的长方形；B 制竞赛场区为长 18 米、宽 9 米的长方形。竞赛场区四周至少有 3 米宽的无障碍区，从地面向上至少有 7 米高的无障碍空间。场地上的线宽 5 厘米，其颜色须区别于场地颜色。两条边线和端线划定了竞赛场区，边线和端线都包括在竞赛场区面积之内。中线的中心线将比赛场区分为两个相等的场区。每个场区各画一条距离中线 3 米的进攻线。进攻线（包括进攻线的宽度）前为前场区，进攻线与端线之间的区域构成后场区。端线后两条边线的延长线上各画一条长 15 厘米，垂直并距离端线 20 厘米的短线，两条短线（包括短线宽度）之间的区域为发球区，发球区深度延至无障碍区的终端。

2．球网

球网垂直设立在场地中央，球网为黑色，网的外沿缝有 7 厘米宽的双层白色帆布。球网的两端各系一条宽 5 厘米、长 1 米的白色标志带，垂直于边线。在两条标志带外沿、球网的不同侧面，分别设置长 1.8 米的标志杆，高出球网 0.8 米。

男子球网高度 2.35 米、女子球网高 2.20 米。

3．球

球为圆形，由柔软材料制成，颜色为浅色。圆周：成人组为 65～67 厘米；青少年组为 63～65 厘米。重量：成人组为 220～240 克；青少年组为 200～220 克。一次比赛所用的球必须具有统一性，弹性应保持在 2 米高度自由下落，反弹高度不低于 0.5 米。气压：约 0.200 千克/厘米^2。

（二）主要竞赛规则

一个队由 8 名队员组成，A 制 4 名队员上场比赛，B 制 6 名队员上场比赛。可设 1 名教练员，1 名领队。

比赛方式采用每球得分和三局两胜制，胜 2 局的队为胜一场。如果 1∶1 平局时，进行决胜局（第三局）的比赛。第 1、2 局先得 25 分同时超过对方 2 分为胜一局，当比分为 24∶24 时，比赛继续进行至某队领先 2 分为止。决胜局，先得 15 分同时超过对方 2 分的队获胜。当比分为 14∶14 时，比赛继续进行至某队领先 2 分为止。决胜局比分至 8 分时，两队交换场区。

比赛开始前和决胜局开始前，抽签获胜者选择其中一类：① 发球或接发球；② 场区。另一方可挑选余下部分。

A 制每队场上必须始终保持 4 名队员，B 制每队场上必须始终保持 6 名队员。队员的轮转次序应按位置表登记的顺序进行。

队员在场上的位置：A 制：1 号位为后排队员，2、3、4 号位为前排队员；B 制：1 号位（右侧）、5 号位（左侧）、6 号位（中间）为后排队员；2 号位（右侧）、3 号位（中间）、4 号位（左侧）为前排队员。

当发球队员击球时，队员应在其正确位置上，否则构成位置错误犯规（队员站位是否错误应根据其脚的着地部位判定）。发球击球后，队员可以在本场区和无障碍区的任何位置。

接发球队得 1 分，同时得发球权后，所有队员必须按顺时针方向轮转一个位置。

每局每队最多替换 4 人次，可以一次替换 1 人或多人；队员受伤不能继续比赛则必须进行合法替换，如不能可采用特殊替换。

每队最多击球3次（拦网除外），一名队员不得连续击球2次。但在某队第一次击球时，允许一名队员在同一击球动作中连续触球。

如果双方队员网上同时触球造成"持球"，则判双方犯规，该球重新进行。

队员的一只（两只）脚或一只（两只）手越过中线，触及对方场区的同时，其余部分接触中线或至于中线上空是允许的，不判为犯规；队员身体的其他部分都不允许接触对方场区。

触网或触标志杆不是犯规，但队员击球时或干扰比赛的情况除外。某些击球可包含实际上没有触及球的击球动作。

第1局和第3局由抽签选定发球权的队首先发球，第2局由前一局未首先发球的队发球；当发球队胜一球由原发球队员继续发球；当接发球队胜一球时，获得发球权，并由上次未发球的队员按顺时针方向轮转发球。

球被抛起或持球手撤离后，必须在球落地前用一只手或手臂的任何部分将球击出，发球队员必须在裁判员鸣哨后8秒钟内将球击出。

前排队员可以对任何高度的球完成进攻性击球，后排队员可以在进攻线后对任何高度的球完成进攻性击球，后排队员也可以在前场区完成进攻性击球，但击球时球的一部分必须低于球网上沿。

对方发球时接发球队队员不能在进攻区内对高于球网上沿的球做进攻性击球。

暂停是正常的比赛间歇，时间为30秒，每局比赛中每队最多可请求两次暂停。

队员受伤如不能进行合法替换和特殊替换，则给予该队员3分钟的休息时间，一场比赛只能给予同一受伤队员3分钟的恢复时间，如仍不能比赛，则宣布该队阵容不完整。

任何意外的情况使比赛中断时，裁判员、比赛组织者应采取措施使比赛恢复正常，一次或数次间断时间累计超过4小时，则全场比赛重新开始。

在每局比赛后双方交换场区，决胜局前重新抽签确定场区。决胜局时不论哪一方比分到8分时都必须交换场区，中间不休息。

参赛者必须了解并遵守规则，以良好的体育道德作风服从裁判员的判定，如果出现不良行为，则会被处以不同程度的判罚。

三、软式排球与室内六人制排球的主要差异

软式排球与室内六人制排球的主要差异如表 10-2 所示。

表 10-2　软式排球与室内六人制排球的主要差异

内容	六人制排球	软式排球
竞赛场地	竞赛场区为 18 米 ×9 米，无障碍区至少 3 米	A 制竞赛场区为 16 米 ×9 米，B 制竞赛场区为 18 米 ×9 米，无障碍区至少 3 米
网高	男子 2.43 米、女子 2.24 米	男子 2.35 米、女子 2.20 米
球	圆周：65 ～ 67 厘米 重量：260 ～ 280 克 气压：0.300 ～ 0.325 千克 / 厘米^2	圆周：成人组为 65 ～ 67 厘米；青少年组为 63 ～ 65 厘米 重量：成人组为 220 ～ 240 克；青少年组为 200 ～ 220 克 气压：0.200 千克 / 厘米^2
队的组成	最多 12 名队员	一个队由 8 名队员组成
竞赛方法	采用每球得分和五局三胜制，每局（除决胜局外）先得 25 分同时超对方 2 分为胜一局，决胜局先得 15 分同时超过对方 2 分的队获胜	采用每球得分和三局两胜制，每局（除决胜局外）先得 25 分同时超过对方 2 分为胜一局，决胜局先得 15 分同时超过对方 2 分的队获胜
开始阵容	每队必须始终保持 6 名队员	A 制必须保持 4 名队员上场比赛，B 制必须保持 6 名队员上场比赛
同时击球	如果两名不同队的队员在网上同时触球并造成短暂停留，则比赛继续进行	如果双方队员网上同时触球造成"持球"，则判双方犯规，该球重新进行
网下穿越	队员的一只（两只）脚越过中线触及对方场区的同时，其余部分接触中线或置于中线上空是允许的；队员脚以上的身体任何其他部位触及对方场区是允许的，但不得干扰对方比赛	队员的一只（两只）脚或一只（两只）手越过中线，触及对方场区的同时，其余部分接触中线或至于中线上空是允许的，不判为犯规；队员身体的其他部分都不允许接触对方场区
间断	每局每队最多两次暂停和 6 人次换人。正式比赛，第 1 ～ 4 局，领先队达到 8 分和 16 分时另有为时 60 秒的技术暂停。决胜局没有技术暂停，每队可请求两次各为 30 秒的暂停	每局每队最多两次暂停，4 人次换人

第三节　沙滩排球

一、沙滩排球的起源与发展

沙滩排球是一项每队由两人组成的两队在由球网分开的沙地上进行比赛的运动。它有多种不同的比赛形式以适应不同人不同环境下的比赛需求。比赛的目的是将球击过球网，使其落在对方场区内，并阻止对方达到同一目的。

沙滩排球于 20 世纪 20 年代起源于美国的加利福尼亚州。20 世纪 70 年代至 80 年代初，沙滩排球由单纯的民间娱乐活动发展成集娱乐、竞技于一体的体育活动。20 世纪 80 年代，国际排联开始在世界范围内宣传、普及沙滩排球这一崭新的排球运动形式。1988 年，国际排联正式成立了世界沙滩排球联合会。世界性沙滩排球组织的成立，以及商业因素的介入和沙滩排球的职业化发展，极大地促进了沙滩排球在世界范围内的推广速度。1992 年，沙滩排球成为巴塞罗那奥运会的表演项目；1996 年，沙滩排球被正式确立为亚特兰大奥运会的比赛项目。至此，沙滩排球运动的发展达到了一个新的高度。

我国沙滩排球的起步较晚，1987 年，我国首次组队参加了沙滩排球国际邀请赛，在以后的时间里，在很多地方举办了一些不同形式和不同水平的沙滩排球赛。1993 年，中国派出男女各 2 名队员参加了亚洲排球联合会举办的沙滩排球巡回赛，使沙滩排球在我国逐步被人们所认识和喜爱。自沙滩排球被列为奥运会的正式比赛项目后，中国排协加强了对沙滩排球的普及和推广工作，也把沙滩排球列入了我国排球运动的发展规划，并先后派队参加了众多洲际和世界级的比赛，所有这些措施都极大地提高了我国沙滩排球的竞技水平，也缩短了我国同世界强队的差距。

二、沙滩排球的场地器材与主要规则

（一）竞赛场地与器材

1. 竞赛场地

竞赛场地包括竞赛场区、无障碍区和无障碍空间。竞赛场区为长 16 米、宽 8 米的长方形。其四周至少有 3 米宽的无障碍区，从地面向上至少有 7 米高的无障碍空间。场地的地面必须是水平的沙滩，沙地必须至少 40 厘米深，并由松软的细沙组成。场区界线应由抗腐蚀材料的带子制成。两条边线和端线划定了竞赛场区，边线和端线都包括在竞赛场区面积之内。场地没有中线。发球区宽 8 米，位置在端线后，一直延伸到无障碍区的终端。

2．球网

球网垂直设立在场地中央，网的上、下沿各缝有 7～10 厘米宽的双层帆布带，最好为深蓝色或鲜明的颜色。球网两端各有一条宽 5 厘米、长 1 米的有色标志带，垂直于边线。在两条标志带外沿、球网的不同侧面，分别设置长 1.8 米的标志杆，高出球网 0.8 米。

男子球网高度为 2.43 米、女子球网高度为 2.24 米。网高可以根据不同年龄有所区别。

3．球

球为圆形，外壳由不吸水的柔软材料制成，颜色为单一的浅色或彩色。圆周为 66～68 厘米，重量为 260～280 克，气压为 0.175～0.225 千克/厘米^2。一次比赛所用的球必须是同一特性、同一品牌的球。

（二）主要竞赛规则

1．阵容配备

一个队由两名队员组成。

队员装备包括短裤或泳装。运动员可戴帽子或头巾，除第一裁判员特许外，必须赤脚比赛。队员可以戴眼镜或隐形眼镜比赛，但风险自负。禁止佩戴可能造成伤害或人为获利的物品。

2．竞赛方式

采用每球得分和三局两胜制，胜 2 局的队为胜一场。如果 1∶1 平局时，进行决胜局（第三局）的比赛。第 1、2 局先得 21 分同时超过对方 2 分为胜一局。决胜局，先得 15 分同时超过对方 2 分的队获胜。

挑边获胜者可在以下两种情况中选择其一：① 发球或接发球；② 场区。挑边失利者从余下一项中选择。在第二局开始前，第一局挑边失利者将优先在上述两者中选择。决胜局前重新进行挑边。

当发球队员击球时，双方队员（发球队员除外）必须都在本方场区内。在场内可随意站位，场上没有固定的位置。没有位置错误犯规。

发球次序必须在整局比赛中保持一致，接发球队得分获得发球权时，发球队员轮转。

每队最多可击球三次将球从球网上空击回对方，一名队员不得连续击球两次。

在某队第一次击球时，除上手传球动作外允许在同一击球动作中连续触球，如果是使用上手传球，即使是同一击球动作在击球过程中也不允许连续击球。

在防守急难球时，球在手中允许有短暂停留，包括使用上手传球动作。

在击球动作（包括起跳、击球或试图击球、落地并准备好下一动作）中，队员触及标志杆之间的球网为犯规。

当发球队赢得一个回合球时，原发球队员继续发球；当接发球队赢得一个回合球时，获得发球权，并由上次没有发球的队员发球。

发球队员必须在第一裁判员鸣哨允许发球后5秒钟内将球发出。

球被抛起或持球手松开后，未触及发球队员而落地或被接住，被视为一次发球。

任何队员可以对任何高度的球完成进攻性击球，但触球时必须在本方场区空间。

完成进攻性击球时张开手指或手指没有完全并拢用指尖触球，或用上手传球完成进攻性击球时，传球轨迹没有垂直于双肩连线（试图传给同伴的球除外），均为进攻性击球犯规。

拦网的触球算作球队的一次击球。拦网的队在拦网触球后只能再击球两次。

每局比赛中，每队最多可以请求一次暂停。正式比赛中，在第一局和第二局，每当双方比分之和为21分时，有一次30秒钟的技术暂停。决胜局没有技术暂停，每队可以请求一次30秒的暂停。

不能更换队员。

一场比赛中只能给予受伤或生病队员一次最长5分钟的恢复时间。在恢复时间结束时，仍不能恢复则该队被宣布为阵容不完整。

一次或数次的间断时间累计不超过4小时，无论是否在原场区继续进行，比赛恢复时都应保持原比分。超过4小时，全场比赛重新进行。

双方比分之和每积7分（第1、2局）或5分（第3局）时交换场区。

参赛者必须具有良好的体育道德行为，也必须符合"公平竞赛"的精神，如有不良行为，根据程度不同，将分别给予判罚、判罚出场、取消比赛资格，并登记于记录表上的惩罚措施。

三、沙滩排球与室内六人制排球的主要差异

沙滩排球与室内六人制排球的主要差异如表10-3所示。

表 10-3 沙滩排球与室内六人制排球的主要差异

内容	六人制排球	沙滩排球
竞赛场地	比赛场区为 18 米 × 9 米，无障碍区至少 3 米	竞赛场区为 16 米 × 8 米，无障碍区至少 3 米
地面	硬质	沙地且至少 40 厘米深
中线	有	无
进攻线	距中线 3 米	无
球	圆周：65 ~ 67 厘米 重量：260 ~ 280 克 气压：0.300 ~ 0.325 千克/厘米^2	圆周：66 ~ 68 厘米 重量：260 ~ 280 克 气压：0.175 ~ 0.225 千克/厘米^2
球制	5 球制	3 球制
队的组成	最多 12 名队员	由 2 名队员组成
指导	教练员应始终在比赛场区外进行指挥	不得接受外部的帮助或指导
赤脚竞赛	除第一裁判员特许外，不允许赤脚	除第一裁判员特许外，必须赤脚
竞赛方法	采用五局三胜制，每局（除决胜局外）先得 25 分同时超对方 2 分为胜一局，决胜局先得 15 分同时超过对方 2 分的队获胜	采用三局两胜制，每局（除决胜局外）先得 21 分同时超过对方 2 分为胜一局，决胜局先得 15 分同时超过对方 2 分的队获胜
开始阵容	每队必须始终保持 6 名队员	每队必须始终保持 2 名队员
抽签挑边	胜者选择其一：①发球或接发球；②场区。每局（除决胜局外）结束后交换场区，由前一局未首先发球的队首先发球。决胜局重新抽签选择上述两项之一，比赛至 8 分时交换场区	胜者选择其一：①发球或接发球；②场区。在第二局开始前，第一局挑边失利的队将优先在上述两者中选择，决胜局重新挑边。双方比分之和每积 7 分（第 1、2 局）或 5 分（第 3 局）时交换场区
位置关系	有位置关系，位置错误犯规	没有固定的位置，没有位置错误犯规
进攻性击球	前排队员可以对任何高度的球完成进攻性击球，后排队员的进攻性击球有所限制；允许吊球；击球必须清晰并不得接住或抛出	任何队员可以对任何高度的球完成进攻性击球；完成进攻性击球时张开手指或手指没有完全并拢用指尖触球，或用上手传球完成进攻性击球时，传球轨迹没有垂直于双肩连线（试图传给同伴的球除外），均为进攻性击球犯规；防急难球，球在手中可短暂停留
发球	必须在允许发球后 8 秒钟内将球发出	必须在允许发球后 5 秒钟内将球发出
球队击球	每队最多击球 3 次（拦网除外）	每队最多击球 3 次（拦网触球算球队的一次击球）
穿越中线	队员脚以上身体任何其他部位如不干扰比赛可触及对方场区	无穿越中线犯规
球过球网	球从非过网区进入对方无障碍区，在不触及对方场区下，可从同侧非过网区将球击回	可进入对方场区将从过网区外越过球网的球或尚未完全越过球网下垂直平面的球击回
合法间断	有暂停和换人	只有暂停

内容	六人制排球	沙滩排球
暂停	每局比赛，每队最多可请求两次时间为30秒的暂停；国际排联的世界性正式竞赛，第1~4局，每当领先队达到8分和16分时另外有各为60秒时间的技术暂停；决胜局没有技术暂停，每队可请求两次各为30秒的暂停	每局比赛，每队最多可请求一次30秒的暂停；国际排联组织的世界性正式竞赛，非决胜局每当双方比分之和为21分时，有一次30秒时间的技术暂停。决胜局没有技术暂停，每队可请求一次30秒的暂停。
换人	每局比赛，每队最多可请求6人次换人	不能更换队员

参考文献

赵德龙，崔性赫，李博，等. 排球运动对大学生身体运动机能的影响［J］. 黑龙江医药科学，2014，37（3）: 63-66.

黄汉升. 球类运动：排球 [M]. 3 版. 北京：高等教育出版社，2015.

虞重干. 排球运动教程 [M]. 北京：人民体育出版社，2009.

排球精品课程团队. 排球 [M]. 北京：北京体育大学出版社，2009.

孟祥立，杜红宇. 体育与健康 [M]. 天津：南开大学出版社，2010.

徐传智. 排球与健康 [M]. 武汉：华中科技大学出版社，2015.

王小娟，黄晓. 软式排气教程 [M]. 北京：北京体育大学出版社，2011.

《排球运动教程》编写组. 排球运动教程 [M]. 北京：北京体育大学出版社，2016.

中国排球协会. 排球竞赛规则（2017—2020）[M]. 北京：人民体育出版社，2017.

国家体育总局. 国民体质测定标准手册（成年人部分）[M]. 北京：人民体育出版社，2003.

米山一朋. 图解排球技术和战术：基础训练 200 项 [M]. 周竹君，译. 北京：人民邮电出版社，2016.

雷诺，美国运动教育计划. 排球技术与战术教练指导手册 [M]. 朱禹丞，译. 北京：人民邮电出版社，2016.

附录一：排球运动的准备及放松活动

一、准备活动

（一）准备活动一（球操）

1. 扩胸运动

准备姿势：身体立正，双手持球前平举。

（第1个8拍）

1、2拍右脚向侧一步，右手持球，两臂侧平举。

3、4拍右脚收回，两臂前平举，换左手持球。

5、6拍左脚向侧一步，左手持球，两臂侧平举。

7、8拍左脚收回，两臂前平举，换右手持球。

第2、3、4个8拍同第1个8拍。

2. 肩绕环

准备姿势：身体立正，双手持球前平举。

（第1个8拍）

1、2拍右手直臂持球，以肩关节为轴，经前向后绕环。

3、4拍两臂前平举，换左手持球。

5、6拍左手直臂持球，以肩关节为轴，经前向后绕环。

7、8拍两臂前平举，换右手持球。

（第2个8拍）

1、2拍右手直臂持球，以肩关节为轴，经后向前绕环。

3、4拍两臂前平举，换左手持球。

5、6拍左手直臂持球，以肩关节为轴，经后向前绕环。

7、8拍两臂前平举，换右手持球。

（第3个8拍同第1个8拍，第4个8拍同第2个8拍）

3. 体转运动

准备姿势：立正，双手持球前平举。

（第1个8拍）

1、2拍右手持球，由前平举变侧平举，身体向右做90°转体。

3、4拍恢复准备动作。

5、6拍左手持球，由前平举变侧平举，身体向左做90°转体。

7、8拍恢复准备动作。

（第2、3、4个8拍同第1个8拍）

4. 腹背运动

准备姿势：双手持球立正。

（第1个8拍）

1、2拍右脚向右迈出，比肩稍宽；双手持球上举。

3、4拍身体前屈，双手持球在右脚上方，低头看球。

5、6拍身体保持前屈，双手持球在左脚上方，低头看球。

7、8拍收脚，站起，恢复准备姿势。

（第2个8拍）

1、2拍左脚向左迈出，比肩稍宽；双手持球上举。

3、4拍身体前屈，双手持球在左脚上方，低头看球。

5、6拍身体保持前屈，双手持球在右脚上方，低头看球。

7、8拍收脚，站起，恢复准备姿势。

（第3个8拍同第1个8拍，第4个8拍同第2个8拍）

5. 肩部运动

准备姿势：双手直臂持球，举过头顶，两脚开立。

（第1个8拍）

1、2拍右手持球，由直臂上举至右侧侧平举。

3、4拍右手持球，由右侧平举恢复至起始姿势。

5、6拍左手持球，由直臂上举至左侧侧平举。

7、8拍左手持球，由左侧平举恢复至起始姿势。

（第2、3、4个8拍同第1个8拍）

6. 踢腿运动

准备姿势：立正，双手持球，置于体前。

（第1个8拍）

1拍双手持球，右腿屈膝，垂直上提，至持球高度。

2 拍右腿落下，恢复起始姿势。

3 拍双手持球，右腿直腿前踢，至持球高度。

4 拍右腿落下，恢复起始姿势。

5 拍双手持球，左腿屈膝，垂直上提，至持球高度。

6 拍左腿落下，恢复起始姿势。

7 拍双手持球，左腿直腿前踢，至持球高度。

8 拍左腿落下，恢复起始姿势。

（第 2、3、4 个 8 拍同第 1 个 8 拍）

7. 弓步压腿

准备姿势：立正，双手持球置于体前。

（第 1 个 8 拍）

1、2 拍右腿向前上步，屈膝呈弓箭步，身体前倾，重心在右腿。右手持球，由右腿右侧经胯下将球换至左手。

3、4 拍收腿，恢复起始姿势。

5、6 拍左腿向前上步，屈膝呈弓箭步，身体前倾，重心在左腿。左手持球，由左腿左侧经胯下将球换至右手。

7、8 拍收腿，恢复起始姿势。

（第 2 个 8 拍）

1、2 拍右腿向前上步，屈膝呈弓箭步，身体前倾，重心在右腿。左手持球，由右腿左侧经胯下将球换至右手。

3、4 拍收腿，恢复起始姿势。

5、6 拍左腿向前上步，屈膝呈弓箭步，身体前倾，重心在左腿。右手持球，由左腿右侧经胯下将球换至左手。

7、8 拍收腿，恢复起始姿势。

（第 3 个 8 拍同第 1 个 8 拍；第 4 个 8 拍同第 2 个 8 拍）

8. 腰部运动

准备姿势：双腿前伸坐于地面，双手持球置于体前。

（第 1 个 8 拍）

1 拍双腿伸直，向右转体 90°，双手持球，将球放置在身体后方。

2 拍不持球，转体恢复至起始姿势。

3 拍双腿伸直，向左转体 90°，双手将球从身体后方拿起。

4 拍双腿伸直，双手持球，恢复至起始姿势。

5 拍双腿伸直，向左转体 90°，双手持球，将球放置在身体后方。

6 拍不持球，转体恢复至起始姿势。

7 拍双腿伸直，向右转体 90°，双手将球从身体后方拿起。

8 拍双腿伸直，双手持球，转体恢复至起始姿势。

（第 2、3、4 个 8 拍同第 1 个 8 拍）

9. 腿部运动

准备姿势：坐姿，双腿直腿前伸，两脚踝夹球。

1、2 拍双脚夹球，屈膝收至胸前。

3、4 拍恢复起始姿势。

重复练习。

（二）准备活动二（球性练习）

1. 8 字滚球

双腿并拢腿前屈，将球放于右脚前地面上。

练习时，用右手侧，使球沿地面向左侧后滚动，至身体左侧时，改用左手推球向身后滚动，到体后再换用右手将球从体侧向前滚动还原。

照此连续进行，速度可由慢到快。

2. 踢腿胯下交换球

两脚开立，两手侧平举，左手持球。

左腿前踢，左手从左腿下方将球传递到右手，收左腿。

右腿前踢，右手从右腿下方将球传递到左手，收右腿。

两侧交替练习。

3. 抛球球性练习

两脚开立，双手持球置于右侧，身体稍微右转。

双手抛球，使球经身体上方在身体左侧下落。

身体迅速左转，在身体左侧接球。

左右两侧交替抛球练习。

4. 头上传球

两人背对站立，一人持球于体前。

从头顶向身后，将球传给对方。

对方接球后以相同方式将球传回。

5. 侧转传球

两人背靠站立，其中一人持球于体前。

持球人向左侧转体，传球给身后搭档。向右侧转体接搭档传回球。

接球人接球后向另一侧转体，将球传回。

6. 双人转体抛球球性练习

两人间隔 3～5 米，背对对方，两脚开立，一人持球于胸前。

持球人向左后方转身，双手将球从胸前向对方推出，然后身体快速转向右后方准备接球。

接球人向右后方转身，双手接住来球，迅速向左后方转身，双手将球从胸前向对方推出。

两侧交替抛球接球练习。

7. 双人后抛球球性练习

两人间隔 5 米，一人持球背对对方，一人面向对方。

持球人挺胸展腹，双手经身体上方向后抛球，随后立即转身面向对方。

搭档接住对方抛球，转身背向对方，做相同抛球动作。

两人交替抛接。

8. 两人两球抛接

两人相对，各持一球，间隔 3～5 米，同时向对方抛球。

一人水平抛球，一人向中间地面抛球反弹至对方。

抛球后，接住对方来球，交换抛球方式，再次将球抛出。

连续交替进行，两人要有默契。

9. 两人移动滚球

两人相对，相距 3～5 米，左右相错 2～3 米，各持一球，做排球准备姿势。

两人同时向自己正前方滚球，然后迅速做交叉步，移动到对方来球处，接住对方来球。

两侧重复移动练习。

（三）准备活动三（集体球性练习）

1. 叫号接球

多人分组，每人有自己的编号，围圈慢跑。

一人持球于圈中心，将球向上抛起，同时随机叫号。

相应编号人迅速跑至中心将球接住，抛球人抛球后迅速跑回队伍中继续围圈慢跑。

接球人快速抛球并随机叫下一个编号。

保持球不落地，重复进行。

2. 运球抱团

多人一组，各自持球围圈。

向同一方向围圈运球慢跑。

教师随机报数，学生迅速停止运球，寻找与数字相应的人数抱团。

教师哨响，恢复围圈运球慢跑。

重复报数。

3. 听哨声变换动作练习

多人一组，各自持球围圈。

哨响一声为信号，围圈向同一方向运球慢跑。

哨响两声，统一转向另一方向运球慢跑。

哨响三声，停止慢跑，原地向后上方抛球，迅速后转身接球。

哨响一声，恢复运球慢跑。

可根据教师要求增减练习种类。

4. 集体传球球性练习

多人一组，围圈向同一方向慢跑。

选传（垫）球技术较好的一名同学在圈中心，随机向慢跑的同学传（垫）球。

慢跑同学快速反应，将球传（垫）回圈中心同学处。

要求：慢跑时注意力主要集中在传球同学处，做好二次反应。

5. 抢圈

多人一组，围圈，面向圈中心。其中一人持球。

持球人选择任意排球技术，将球给本组任意另一名同学，该同学迅速反应，以任意排球技术将球给任意下一名同学。

圈中心有一名同学，以将球抢断为任务，抢断成功则去圈内参与传接球，被抢断的同学到圈中心接替抢断任务。

6. 撑地运球走接力

学生分人数相同的两组，每组一球。

屈膝蹲低，双手向后撑地，将球放在腹部，用躯体控制球不落地，腹肌用力，手足并用向前行进。

走完规定距离后把球交给下一名同学，两组之间以竞赛形式依次接力。

（四）准备活动四（协调性准备活动练习）

1. 顺拐跑

膝盖伸直，双脚交替向前做前踢跑。

两臂屈肘，与双腿同手同脚摆臂。

2. 单腿吸腿跳协调性练习

准备姿势：自然站立，两臂自然下垂。

（第1个8拍）

1拍双手屈臂置于体前，肘部与胸齐平。右脚屈膝吸腿，左脚轻跳，脚踝用力，脚尖触地。

2拍右手于体侧上举，左手恢复下垂。右脚落下，双脚脚尖触地。

3拍右手侧平举，左手保持下垂。右脚屈膝吸腿，左脚轻跳，脚踝用力，脚尖触地。

4拍恢复自然站立，双臂下垂。

5拍双手屈臂置于体前，肘部与胸齐平。左脚屈膝吸腿，右脚轻跳，脚踝用力，脚尖触地。

6拍左手于体侧上举，右手恢复下垂。左脚落下，双脚脚尖触地。

7拍左手侧平举，右手保持下垂。左脚屈膝吸腿，右脚轻跳，脚踝用力，脚尖触地。

8拍恢复自然站立，双臂下垂。

（第2、3、4个8拍同第1个8拍）

3. 趣味协调性练习

两人一组，一前一后站立。

前面同学随机做任意肢体动作，并随意变换。后面同学随时模仿。

前后两人互相交换练习。

4. 行进分腿跳

准备姿势：自然站立。

膝盖直立，脚踝用力，脚尖触地，向前轻跳，分腿落地。两臂侧平举。

膝盖直立，脚踝用力，脚尖触地，向前轻跳，并腿落地。两臂自然下垂。

快速重复上面两个动作，向前行进。

5. 腾空并腿跳

右脚向右侧上步，左脚经右侧前做盖步，右脚开步的同时，左脚蹬地起跳，起跳后左腿快速在空中并向右腿，落地。

向另一侧做相同练习，两侧交替进行。

6. 手臂绕环协调练习

自然站立，手臂侧平举。

双臂以肩为轴，同时做绕环运动。一手向前绕，一手向后绕。

教师哨音为信号，两臂互换绕环方向。

（五）准备活动五（动态热身）

1. 屈踝踏步

准备姿势：身体直立，两脚与肩同宽，挺胸抬头。

左腿伸直，踢腿上步，脚尖上钩。

左脚快速有力踏落地面的同时，右腿提腿上步，脚尖上钩。

双脚交替练习，保持身体稳定。

2. 行进间股四头肌伸展

准备姿势：自然站立，挺胸抬头。

左腿屈膝后摆，左手抓脚，右脚尖踮起。动作保持 2 秒。

松开左脚，左脚上步，右脚重复上述动作。

双腿交替进行。

3. 合抱扩胸

两脚分开，身体直立，挺胸抬头；双臂前平举，与肩同高。

双臂交叉合抱收紧，双手尽力触摸肩后部。

双臂松开，扩胸。

同样动作反复练习。

4. 鸵式平衡

准备姿势：自然站立，挺胸抬头。

右脚向前上步，右腿微屈膝，右臂伸直举过头顶，左腿向后伸直；身体前倾放平，左臂向左侧伸直。

上体不动，目视前方，腰部微屈，左手下落至右脚尖，右臂向右平伸，保持 2 秒。

缓慢收回至准备姿势。

两侧交替进行相同动作练习。

5. 俯卧手侧走

准备姿势：双手撑地，双腿并拢向后伸直。

保持俯卧撑起姿势，右手、左手相继左移。

左手、右手相继右移。

6. 抱膝落跪步走

准备姿势：自然站立，挺胸抬头。

右腿提膝，双手包腿回拉上提，膝关节靠近胸部。同时左脚提踵，保持2秒。

右脚落地成弓步，小腿与地面垂直；左腿屈腿，小腿与地面平行。

7. 立卧撑冲刺

准备姿势：双手伏地撑起，双腿伸直后蹬。

双臂用力撑地，快速收腹屈膝至胸前。

向上爆发由蹲起成加速冲刺姿势，向前加速冲刺10码（约9.14米）。

8. 提膝踏跳跑组合

准备姿势：两脚开立，与肩同宽，挺胸抬头。

身体前倾，左腿提膝勾脚，稍微前伸，脚跟高于右膝。

左腿立即快速前伸下压，展髋后摆，脚落地后蹬。

双腿交替练习。脚尖始终上勾。

（六）准备活动六（动态热身）

1. 踢踏步

准备姿势：两脚分开，身体直立，挺胸抬头。

身体直立，左脚勾脚尖，左腿收髋上提，膝盖绷直。

左腿肌肉用力，左脚下踩，左脚落地，右脚以同样方式上步踩踏。

双腿交替练习，要快速有力，触地时间短。

2. 侧踝走

准备姿势：自然站立，挺胸抬头。

双脚脚底内翻，使双脚外侧着地并保持身体平衡。

右脚前迈，脚外侧着地，重心随之移至右脚外侧，使右脚心离地。

左脚迈步重复以上动作，双腿交替上步。

3. 直腿前摆

准备姿势：两脚分开，自然站立，挺胸抬头。

左腿伸直前摆，身体竖直。右臂屈肘前摆。

左腿下压，脚落地。

双腿交替练习。

4. 蹲走

准备姿势：两脚开立，屈膝下蹲，上身竖直。双臂体前屈肘，上下相叠，与肩同高。

保持屈蹲，重心下降，右脚小步迈出。

双腿交替练习。

5. 交叉步侧走

准备姿势：两脚分开，双臂侧平举。

右脚经左脚前向左上步，上步时提膝，大腿平行地面。

左脚向左侧开步，返回准备姿势。

右脚经左脚后侧向左侧上步。

两侧交替练习。

6. 蜘蛛爬

准备姿势：并步站立；左脚向左前方45°上步后，弯腰屈膝前俯，保持脊柱中立，双手伏地向左脚方向爬，目视正前方。

双手从左侧爬到右侧，右腿缓慢前移上步。

两边交替上步。

7. 提膝展髋踏跳

准备姿势：两脚开立，双臂侧平举。

右膝快速上提至手臂下方，立即下踩踏地，前脚掌着地，同时带动身体右移。

右脚踏地的同时，左腿上提至手臂下方，重复右腿相同动作。

两腿交替，向右侧行进。

相同动作，向左侧行进。

8. 踏步冲刺

准备姿势：两脚开立，膝盖微屈，重心在两脚之间。

双脚交替，快速踏地练习。

听到教师哨音，由踏步直接向前冲刺跑。

注意：快速蹬地发力，缩短触地时间。

（七）准备活动七（动态热身）

1. 旋臂前举

准备姿势：两脚开立，身体直立，手臂下垂。

两臂缓慢内旋，两手背斜相对。

双臂向前平举至低于肩膀处，双臂内旋。

同样节奏，重复练习。

2. 高抬腿行走

准备姿势：两脚开立，自然直立。

左腿向前跨步。

右腿上提靠向胸前，保持身体直立。

双手抱右膝，拉向胸前。

右腿落下，左腿重复动作。双腿交替练习。

3. 躯干转动

准备姿势：两脚开立与肩同宽，双手相扣，双臂屈臂置于体前。

屈髋，上体前倾。

上体转向右侧，随后转向左侧。其间髋部及下肢保持向前。

4. 屈蹲退步走

准备姿势：两脚分开，自然站立。

重心降低，收髋提膝，向身后撤步。

撤步同时，身体稳定，双臂屈臂摆动。

5. 单腿臀桥

准备姿势：仰卧，双臂置于体前，屈膝，双脚靠近臀部。

双手抱右膝收至胸前，身体保持正直。

左脚蹬地挺髋，至左膝与肩部成直线。

另一侧相同动作继续练习。

6. 相扑式蹲起

准备姿势：双腿开立大于髋部。

弯腰，双手抓握脚尖。

手臂伸直，臀部下蹲，至双踝之间，挺胸。

伸直双腿，保持手握脚尖。

重复练习。

7. 分腿跳

准备姿势：身体直立，两脚与肩同宽。

左脚上步，屈膝成弓步，双臂屈肘。

双脚蹬地腾空，摆臂，右腿前摆，屈膝成弓步落地。

落地瞬间，再次蹬地重复动作。

双腿交替练习。

8. 双跳冲刺

准备姿势：双脚分开，自然站立。

连续立定跳 2 次。

落地后立即向前冲刺 10 米，冲刺时身体前倾。

反复几次练习。

（八）准备活动八（动态热身）

1. 后踢腿

准备姿势：自然站立。

向前移动的同时，两腿快速交替向臀部后踢。

移动的同时，保持躯干挺直，手臂有利摆动。

2. 跳跃击脚

准备姿势：自然站立。

向前跳跃，左膝关节上抬，膝盖内旋，脚高抬。

右手触摸抬起的左脚内侧。

交替抬腿拍打。前进至相应距离。

3. 手走

准备姿势：双腿伸直站立，手放在地面。

收腹，双腿保持伸直，两手交替向前走出。

手走出后，脚上步达到手的位置。

注意：脚移动时，使用踝关节力量。

4.W 字走

准备姿势：自然直立，双手于身体两侧。

双肩收紧，屈肘，使手臂与躯干成 W 形。

屈膝向前行进。

5. 跳跃跨步

左脚向左前方上步，右脚虚步跟上，双臂屈臂于身体两侧。

右脚向右前方上步，左脚虚步跟上，双臂屈臂于身体两侧。

双侧交替，频率加快。

6. 弓步行走

左腿上步成弓箭步，右腿向后伸直，上体前倾，双臂伸直置于地面。稍微静止。

右腿屈腿后坐，触地静止，左腿伸直，脚尖上翘。

另一侧重复相同练习，交替进行。

7. 轻跳冲刺跑

准备姿势：自然站立。

身体直立，脚踝用力，脚尖触地，原地连续快速轻跳。

教师哨声为信号，迅速转身180°向前冲刺。

8. 三级跳冲刺

准备姿势：双膝微屈，重心在两脚之间。

双腿连续交替向前跨步跳。

跨步跳完第三步，落地后立即向前冲刺。

（九）准备活动九（动态热身）

1. 脚跟至脚尖行走

准备姿势：身体直立，双脚与肩同宽。

向前迈步，脚跟落地，脚掌快速向前滚动至脚跟抬起。

另一侧重复动作，向前行进。

2. 弓步体侧

准备姿势：自然直立，双脚与肩同宽。

左腿向正前方跨出一步，成弓箭步，小腿垂直地面。

弯曲右膝，压低至地面。

右臂上平举，躯干向左侧缓慢做体侧运动。

收腿起身，另一侧做相同练习，交替进行。

3. 摆臂练习

准备姿势：自然站立，双臂前平举。

向前行进，两臂同时向左右摆动。右腿上步时，手臂向右摆动，左臂屈臂于身前，手指达到右肩，右臂侧平举与肩齐高。

另一侧重复练习，交替行进。

4. 直腿行军步

准备姿势：自然站立，双臂前平举，与肩齐平。

右腿伸直前踢，脚尖触碰手指，膝关节伸直，上体直立。

落地，左腿重复动作。双腿交替练习。

5. 高跨步

准备姿势：双脚与肩同宽，身体直立。

左脚向左侧跨步，膝关节尽量高抬，模拟跨栏。

右脚重复动作。

两侧重复进行至所需次数。

6. 盘腿下蹲

准备姿势：两脚与肩同宽，双臂屈肘于体前，上下相叠。

右腿踢腿展髋，屈腿将脚踝放在左腿，左腿单腿缓慢屈蹲。

还原，另一侧重复动作，两侧交替练习。

注意：尽力蹲低，身体稳定。

7. 预摆纵跳

准备姿势：身体直立，两脚与肩同宽。

屈膝下蹲，快速蹬地垂直向上摆臂，起跳。

膝盖微屈，缓冲落地，保持屈蹲2秒。

连续练习至相应组数，提高爆发力。

8. 前交叉步跑

准备姿势：自然站立。

右脚向左前方上步，在左脚左前方落地。

右脚落地同时，左脚迅速抬起向右前方上步，落在右脚右前方。

手臂自然摆动，两脚交替练习，步伐轻盈，频率稍快。

（十）准备活动十（动态热身）

1. 提踵走

自然站立，挺胸抬头。

双脚脚后跟提起，重心置于前脚掌，保持身体平衡。

左脚向前迈一步，前脚掌触地，脚尖尽量踮起。

右脚上步并重复上一动作，双腿交替向前行进。

2. 抱膝走

自然站立，挺胸抬头。

左腿屈膝上提，双手抱膝向上拉近至胸前，同时，右脚脚尖踮起，身体垂直向上，保持2秒。

缓慢放开左膝并向前迈左步，右腿提膝并重复上一动作，双腿交替继续练习。

3. 脚跟走

准备姿势：自然站立，挺胸抬头。

双脚脚尖翘起，脚跟着地。

左脚上步，重心移至脚跟，脚尖尽力上勾。

右脚上步重复相同动作，双腿交替向前进行。

4. 手足爬行

双腿伸直，双手在地面尽量向前放；双臂伸直，脚跟不能离地。

后背和双臂伸直后，双脚逐步向前移动，尽量靠近双手，双膝保持挺直，股后肌和腰部肌肉有拉伸感。

双脚前移尽量靠近双手后，双手缓慢尽量向前爬，直至还原成1。继续向前重复练习此组动作。

5. 提膝踏跳跑组合

左腿提膝（勾脚尖），右臂屈肘约90°，左臂后摆。

左脚用力蹬地，迅速充分展髋。

6. 交叉摆臂

准备姿势：两脚分开，身体直立，挺胸抬头；双臂前平举，掌心相对。

右臂缓慢上举至头侧，同时左臂下落至体侧。

双臂反向做相同动作。

7. 跪步转体走

准备姿势：自然站立，挺胸抬头，双臂在体前屈肘，前臂相叠，高与肩平。

左脚上步屈膝弓步；右腿弯曲，膝关节于髋关节下方下沉；左腿膝关节呈90°，小腿与地面垂直。身体缓慢向左扭转上体。

右脚蹬地起身上步成弓步，身体向右转体。

双腿交替向前上步练习。

8. 10米移动组合

（以80%的最大速度完成每个10米动作。）

先向前直线跑10米。

转身向后侧，向右滑步跑：重心下沉，向右侧快速滑步。运动过程中保持重心下沉，双脚与肩同宽，面向前方。

向左侧滑步跑10米。

屈蹲后撤步：收髋提膝，快速向身后撤落步。重心压低，上身稳固，双臂摆臂。

倒退跑：核心区肌肉用力收紧，上体伸直，向后摆腿倒退跑。向后迈步时，尽量加大步幅。

向右侧交叉步走：（准备动作）两脚分开，自然直立，双臂侧平举。① 右脚经左脚前向左侧上步（盖步）；② 左脚向左开步返回准备动作；③ 右脚经左脚后向左侧上步（插步）。交替进行。

向左侧交叉步走。

二、放松活动

（一）放松一（头颈）

1. 拉伸颈部伸肌
站直，双手交叉置于脑后，头部下垂，下巴贴近胸部，肘部前倾，用手臂重量拉伸头部。

2. 拉伸斜方肌
站直，头部缓慢靠向右侧，微微左转，回到中间；缓慢靠向另一侧。

3. 拉伸侧颈
右手放在头顶，轻轻用力，使右耳缓慢靠向右肩；恢复直立，缓慢靠向另一侧。

（二）放松二（臂、肘、腕）

1. 屈腕拉伸
身体呈跪姿，倾身向前，手掌置于前面地面，手指指向膝关节。手掌尽可能多贴近地面。

2. 伸腕拉伸
身体跪姿，前倾，手背轻轻置于前面地面，手指指向膝关节。根据自身感觉，手背尽可能多贴近地面。

3. 祈祷式拉伸

双手合十，从胸前缓慢向下，直至手臂形成 90°。

手掌向左、右倾斜，各保持 10 秒。

手掌缓慢向外移，手指远离身体，保持 10 秒。

手背合十，手指向下。

4. 手臂互抱拉伸

身体站直，举起手臂，与肩齐平。将右臂置于左臂上方，双肘交叉。双手靠近，放松双肩向中间靠拢。做下列变化：①手臂向下拉伸；②手臂向上拉伸；③手臂移至右侧；④手臂移至左侧。揭开双臂，将左臂置于右臂上方重复动作。

5. 手臂侧弯

两脚开立与肩同宽。

右臂提肘至大臂直立。

右手搭在左肩，左手抓住右手肘。

肘拉向头后，保持屈臂，身体向左边倾斜，保持 20 秒。换另一侧做相同练习。

6. 后倾手臂拉伸

坐姿双腿伸直，手臂伸直，手掌放在臀后。

手指远离身体（向后）。

双手向后滑动，身体向后倾斜

7. 肱三头肌拉伸

左臂上举，向后弯曲置于背后。

右手下垂，向上弯曲沿脊柱向上，触及左手。保持 20 秒。

换另一侧做相同拉伸。

（三）放松三（肩部）

1. 肩后拉伸

左手向右伸直，右臂置于左臂肘部下方。右臂勾住左臂向内侧用力，身体保持稳定，不转动。保持 20 秒。换另一侧重复相同动作。

2. 手臂互抱

身体直立，双手交叉抱住双肩，将双肩轻拉向中间。

3. 屈肘背后侧拉

站立，左臂屈肘放在背后，右手握住左腕向右上牵拉。稍微保持。另一侧重复相同动作，始终保持身体平衡。

4. 搭档辅助肩部拉伸

两臂平行向后上举起，不屈肘，背部挺直，掌心向外。搭档在身后握住手腕轻轻后拉，感觉紧绷时停止，保持。

5. 搭档辅助肩部拉伸

双手交叉紧握，置于脑后，双肩放松。搭档站在身后，抓住手肘，轻轻后拉手臂。

（四）放松四（背部）

1. 上背部

双脚分开站立，与髋同宽。上背部前屈，下巴触锁骨。双臂向前伸展，双手交叉，掌心向内。

2. 背部下弯拉伸

膝关节微屈，头向下，身体稍微前倾，手臂下垂。背部缓慢下弯，根据感受，弯曲程度尽量大。

3. 跪背伸展

四肢着地呈爬行姿势。吸气时，抬头仰望，腰背下塌，臀部向上。呼气时，下巴触锁骨，臀部向下，腰背向上拱起。重复4次。

4. 犬式伸展

跪姿，四肢触地。臀部翘起，膝关节在臀部下方。双手向前伸展，至头胸靠近地面，收缩腹部，收回双手。

5. 猫式伸展

跪姿，四肢触地。吸气，抬头，腰背下塌，臀部上翘。呼气，下巴触锁骨，臀部向下，腰背上拱。重复4次。

6. 中背部扭转

双腿跪地，分开。双臂直臂于肩部正下方。左手放在左肩，头部向下，吸气，左肘向上；呼气，左肘置于右边腋下。重复4次。另一侧重复相同动作。

（五）放松五（腰腹）

1. 盘腿坐姿体前屈

盘腿坐姿，身体前倾。躯干缓慢前屈伸展，头部、腹部尽量压低，贴近地面。

注意：动作缓慢，背部弯曲，量力而行。

2. 俯卧背伸

俯卧，手掌向下，手指向后，手臂伸直支撑躯干背伸。腰部缓慢下塌，头胸抬离地面。

注意：根据本体感受，控制牵拉幅度。

3. 跪姿两侧伸展

跪姿，四肢触地，臀部坐于脚跟。向前伸直手臂，手臂缓慢右移，按向地面，再缓慢左移，按向地面。

4. 坐姿背部拉伸

坐姿，手臂举过头顶，直臂，手指交叉。手掌向上，肩膀下拉，保持。

5. 仰卧屈髋团身

仰卧，右膝弯曲，左小腿放在右大腿。双手从左小腿下方抓握右大腿，缓慢向躯干牵拉右腿。

注意：根据本体感受，适度牵拉。

6. 脊椎扭曲

坐姿，上身直立，右腿屈膝，右脚放在左膝左侧。左肘背部贴在右腿右侧。右手放在臀后部地板上。用左肘将右膝推到左边，同时尽可能将肩膀和头部转向右边。试着往背后看。

（六）放松六（髋部臀部）

1. 髋部

身体下蹲，右腿向前迈出一大步，双手置于右腿膝关节上面，挺直上半身。髋部前推，身体慢慢下降成弓箭步，保持20秒。换另一侧重复动作。

2. 腿部交叠扭转

坐姿，双腿屈腿交叠侧平放，右膝立起，左臂抱右膝，右手放在身后地面。身体坐直，上身按照下背、中背、头部依次缓慢右转。换另一侧重复相同动作。

3. 仰卧屈膝伸腿

仰卧并腿，右腿屈膝收腿。双手抓右脚掌，缓慢伸直右腿。

4. 鸽式拉伸

趴在地面，四肢触地。右膝屈膝向前，侧面触地，至右手后方。右脚向左侧靠近，左腿向后伸直。身体重心缓慢靠向前臂，额头尽量贴近地面。

5. 蜥蜴式拉伸

右腿屈腿向前跨出，左腿小腿向后触地，两臂直臂撑地面，右脚跨在右手外侧。

臀部下沉，重心缓慢下移至前臂，保持 30 秒。另一侧重复相同动作。

6. 蝴蝶式拉伸

坐姿，身体直立，弯曲双膝两脚底相对。身体和脚相靠近。将手放在脚上，肘部放在腿上，身体向前压低。

（七）放松七（大腿）

1. 前倾大腿拉伸

双脚呈宽距张开，膝关节伸直，上半身慢慢前倾与地面平行，双手置于地面，保持 30 秒。

2. 侧跨步拉伸

双脚分开，脚尖向外。右膝弯曲，缓慢下降，右膝不超过右脚。保持姿势，起身站立，换另一侧做相同动作，重复 4 次。

3. 站姿股四头肌拉伸

双脚分开站立，与髋同宽。慢慢弯曲右腿，右手握住右脚。膝关节向下。臀部前推，保持 20 秒。

4. 低弓箭步拉伸

身体下蹲，右脚向前跨出，屈膝，左小腿向后触地面。上身挺直，重心缓慢下降至最低，保持 20 秒。

5. 坐姿 4 字拉伸

坐姿，双腿弯曲，右脚抬起，膝关节向外，放在左大腿。左脚抬起，向身体方向缓慢靠近至极限，保持。另一侧重复相同动作。

（八）放松八（小腿、脚踝）

1. 站立脚尖伸展

左腿向后退一步，弯曲左腿，上身前倾。抬起右脚，脚跟朝地。保持 20 秒。

2. 站立牵拉

双足站立于台阶，足跟悬空，可以手扶固定物体，保持身体平衡。保持。

3. 跟腱深蹲拉伸

双腿与肩同宽，屈膝下蹲。脚尖向前，全脚触地，保持 30 秒。

4. 站立跟腱拉伸

两脚开立，与髋同宽。左脚后退一步，腿弯曲，脚跟按压地面。

5. 金字塔拉伸

双脚分开站立，与髋同宽，左脚后退一步，上身前倾，将指尖或手掌放在前脚旁边的地上。换另一侧重复动作。

（九）放松九（全面拉伸）

（1）从标准站立位开始直腿体前屈，双手触地。

（2）双手慢慢向前爬行至俯卧撑位置，始终保持膝关节伸直。

（3）右脚向前跨出至右手外侧。

（4）右手伸直向上旋转至最大幅度，再向下旋转至最大幅度。

（5）右肘向下压尽量触地。

（6）腿向上蹬起，双手不要离开地面，两腿尽量蹬直。

（7）两手直臂向上伸起，重心下压成弓步伸展。

（8）交换至另一侧重复相同动作。

（十）放松十（双人配合拉伸放松）

1. 直臂压肩

两人相对，双手直臂前伸，搭在对方双肩。身体下压，腰部下塌，臀部上翘，膝盖保持伸直。保持 20 秒。

2. 体侧拉伸

两人面向同一方向站立，内侧脚相抵，外侧脚向外迈出。两人内侧手相握，外侧手在身体上方相握，外侧腿稍微屈膝。保持 20 秒。变换方向重复相同动作。

3. 两人背部拉伸

两人背对站立，两脚与肩同宽。双手上举，在身体上方握住对方。相互拉伸背部肌肉。

4. 肩肘拉伸

两脚开立，前后稍微分开。挺胸展腹，提肘后引，形成背弓。同伴在身后，握住肘部，将手臂缓慢后拉。

5. 大腿被动拉伸

一人仰卧，左腿屈膝，同伴一手压住左膝，另一手将左小腿向内拉伸。另一侧做相同动作。

注意：拉小腿的同时，将大腿轻轻推向躯干。

附录二：大学生体质测试方法与评分标准

一、身高体重测量

（一）测试目的

测试学生的体重，与身高测试相配合，评定学生的身体匀称度，评价学生生长发育的水平及营养状况（见图1）。

（二）测试方法

（1）脱鞋，上台站稳。

（2）背靠立柱，抬头、挺胸，两眼正视前方。

（3）保持姿势，直到测量结束，测量仪器发出提示音。

（三）注意事项

（1）水平压板与头部接触时，头顶的发结要放开，饰物要取下。

（2）受试者站在秤台中央，上下标杆秤动作要轻。

（3）测量前，受试者不应进行体育活动和体力劳动。

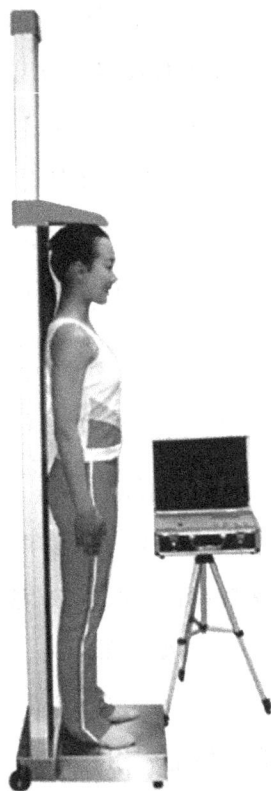

图1　身高体重测量

二、立定跳远测试

（一）测试目的

测试学生下肢爆发力及身体协调能力的发展水平（见图2）。

（二）测试方法

（1）两脚与肩齐宽，双臂摆动有力。

（2）两脚原地同时起跳，不得有垫步或连跳动作。

（3）每人试跳3次，取成绩最好的1次。

图2　立定跳远测试

（三）注意事项

（1）发现犯规时，此次成绩无效。

（2）可以赤足，但不得穿钉鞋、皮鞋、塑料凉鞋测试。

三、握力测试

（一）测试目的

测试学生上肢肌肉力量的发展水平（见图3）。

（二）测试方法

（1）调节握力手柄间距。

（2）调整站姿，手臂自然下垂。

（3）用最大力量紧握测试手柄。

（三）注意事项

（1）测试时，手心向内，不能触及衣服和身体。

（2）测试两次，取最好成绩。

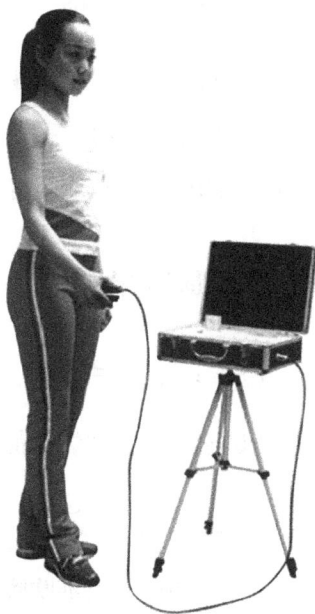

图3　握力测试

四、坐位体前屈测试

（一）测试目的

测量学生在静止状态下的躯干、腰、髋等关节可能达到的活动幅度，主要反映这些部位的关节、韧带和肌肉的伸展性和弹性，以及学生身体柔韧素质的发展水平（见图4）。

图4　坐位体前屈测试

（二）测试方法

（1）受试者脱鞋坐于测试垫上，双脚蹬于挡板上，保持双腿伸直。

（2）双手推动测试推板向前滑行，直到不能前伸为止。

（三）注意事项

（1）两臂前伸时，两腿不得弯曲。

（2）推动游标时，手臂不能有突然前振的动作。

（3）测试两次，取最好成绩。

五、肺活量测试

（一）测试目的

测试学生的肺通气功能（见图5）。

（二）测试方法

（1）深吸气后对准吹嘴呼出直到不能继续为止。

（2）保持匀速呼出，中途不能停止。

（3）测两次，取最大值。

（三）注意事项

（1）受试者吸气和呼气均应充分，呼气不可过猛。

（2）防止嘴与吹嘴接触部位漏气，防止用鼻呼气，呼气开始后不得再吸气。

图 5　肺活量测试

　　大学男生、女生身高及体重标准，以及大学男生、女生体质健康评分标准可扫描以下二维码详细了解。

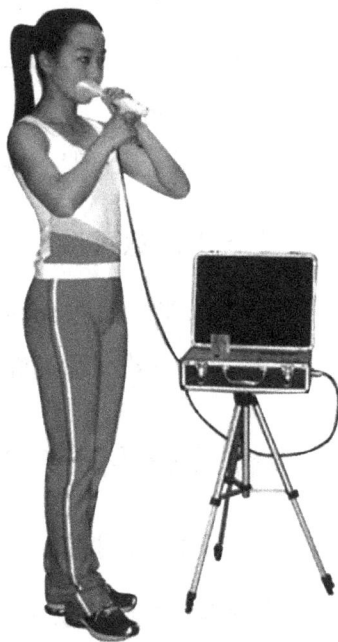

　　　国 大学男生、女生　　　国 大学男生、女生
　　　　身高及体重标准　　　　体质健康评分标准